新装版

正信偈入門

早島鏡正

法藏館

正信偈入門　目次

Ⅰ「正信念仏偈」「念仏を正信する(人びとをたたえる)偈」

Ⅱ　親鸞の世界

I

「正信念仏偈」

「念仏を正信する（人びとをたたえる）偈」

一　依経段

㈠　帰敬偈

帰《き》命《みょう》無《む》量《りょう》寿《じゅ》如来《にょらい》　　無量寿如来(1)に帰命(2)し、
南《な》無《も》不《ふ》可《か》思《し》議《ぎ》光《こう》　　不可思議光(3)に南無したてまつる。

量《はか》りしれない寿命（慈悲《じひ》）の仏、また思いはかることのできない光明（智慧《ちえ》）の仏にまします阿弥陀如来《あみだにょらい》に帰依《きえ》したてまつる。

＊最初の二句は、㈠帰敬偈の項。　（1）無量寿如来　限りのない（amita）いのち（ayus）、すなわち無限の慈悲を特性とする如来。如来とは仏の尊称の一つで、ここでは阿弥陀仏の

名前。　（2）帰命　帰依の意。次句の「南無」は梵語namo（わたくしは帰依します）の音写語で、漢訳して「帰命」という。本願寺派は「なも」、大谷派は「なむ」と読む。なお、「正信念仏偈」（略称「正信偈」）の原文の読みは、真宗各派によって相違するところがあるが、一々、明示することを避けることにした。　（3）不可思議光　限りのない（amita）光明（ābha）、すなわちわれわれの思議を超えた智慧を特性とする如来。阿弥陀仏の名前。阿弥陀仏は無量寿と無量光の二つを特性としており、仏典ではいずれかの特性を名《な》のって呼ばれる。帰敬偈の二句は、いずれも南無阿弥陀仏を言い換えたといってよいであろう。「念仏正信偈」では、「西方不可思議尊」の一句にまとめている。「正信念仏偈」の題名の書き下しについて、訳者の見解を本書六五頁㈢「正信念仏偈」の位置）に述べている。

㈡ 二尊をたたえる

1　弥陀のこころ

法《ほう》蔵《ぞう》菩《ぼ》薩《さつ》因《いん》位《に》時《じ》

法蔵菩薩(1)、因位(2)の時《とき》、

在《ざい》世《せ》自《じ》在《ざい》王《おう》仏《ぶつ》所《しょ》
覩《と》見《けん》諸《しょ》仏《ぶつ》浄《じょう》土《ど》因《いん》
国《こく》土《ど》人《にん》天《でん》之《し》善《ぜん》悪《まく》
建《こん》立《りゅう》無《む》上《じょう》殊《しゅ》勝《しょう》願《がん》
超《ちょう》発《ほつ》希《け》有《う》大《だい》弘《ぐ》誓《ぜい》
五《ご》劫《こう》思《し》惟《ゆい》之《し》摂《しょう》受《じゅ》
重《じゅう》誓《せい》名《みょう》声《しょう》聞《もん》十《じっ》方《ぽう》
普《ふ》放《ほう》無《む》量《りょう》無《む》辺《へん》光《こう》
無《む》碍《げ》無《む》対《たい》光《こう》炎《えん》王《のう》
清《しょう》浄《じょう》歓《かん》喜《ぎ》智《ち》慧《え》光《こう》
不《ふ》断《だん》難《なん》思《じ》無《む》称《しょう》光《こう》
超《ちょう》日《にち》月《がつ》光《こう》照《しょう》塵《じん》刹《せつ》
一《いっ》切《さい》群《ぐん》生《じょう》蒙《む》光《こう》照《しょう》
本《ほん》願《がん》名《みょう》号《ごう》正《しょう》定《じょう》業《ごう》

世自在王仏(3)の所《みもと》に在《あ》りて、
諸仏の浄土(4)の因、
国土・人天の善悪を覩見して、
無上殊勝の願を建立し、
希有の大弘誓を超発せり。
五劫、これを思惟して摂受す。
重《かさ》ねて誓《ちか》うらく(5)は、「名声(6)、十方に聞《き》こえん」と。
普《あまね》く、無量・無辺光(7)・
無碍・無対・光炎王・
清浄・歓喜・智慧光・
不断・難思・無称光・
超日月光を放《はな》ちて、塵刹を照《て》らす。
一切の群生、光照を蒙《こうぶ》る。
本願の名号(8)は正定の業(9)なり。

至《し》心《しん》信《しん》楽《ぎょう》願《がん》為《に》因《いん》
成《じょう》等《とう》覚《がく》証《しょう》大《だい》涅《ね》槃《はん》
必《ひっ》至《し》滅《めつ》度《ど》願《がん》成《じょう》就《じゅ》

至心信楽の願(10)を因とす。
等覚(11)を成《な》り、大涅槃(12)を証することは、
必至滅度の願(13)、成就なり。

かつて、阿弥陀如来《あみだにょらい》が仏となる以前、法蔵菩薩《ほうぞうぼさつ》と名《な》のる求道者《ぐどうしゃ》であったとき、師と仰ぐ世自在王仏《せじざいおうぶつ》の力を得て、諸仏が各自の仏国土を建立《こんりゅう》したいわれや、仏国土に住む人たちの優劣を観察し、それらにまさる清浄の仏国土をみずから建立しようと、この上なく勝れた願いをたて、世にもまれな大誓願《だいせいがん》を発《おこ》された。

その大誓願とは、五劫《ごこう》という長い年月の間、思索をこらして、四十八の本願にまとめたものであった。ついで、これらの四十八の本願を要約して、重ねて願いの主旨を表明し、「南無阿弥陀仏《なもあみだぶつ》の名号《みょうごう》が全世界に聞かれ、称えられるように」と誓われた。

「これらの願いを完成するために、法蔵菩薩は兆載永劫《ちょうさいようごう》という長い年月をかけた修行生活に入り、やがてその修行が実って、かれは阿弥陀如来となり、仏国土である極楽浄土を建立したもうた」

阿弥陀如来の放ちたもう光明は、三世にわたって量《はか》りしれない光明（無量光《むりょうこう》）、空間的に至り届かぬところのない光明（無辺光《むへんこう》）、なにものにも妨げられない光明（無碍光《むげこう》）、比べるもののない光明（無対光《むたいこう》）、威力すぐれ火王たる光明（光炎王《こうえんのう》）、貪《むさぼ》りを滅す清らかな光明（清浄光《しょうじょうこう》）、瞋《いか》りを滅す喜びの光明（歓喜光《かんぎこう》）、無知を滅す智慧の光明（智《ち》慧光《えこう》）、常に照らして絶えることがない光明（不断光《ふだんこう》）、人間の思いも及ばない光明（難《なん》思光《じこう》）、ことばで表わし尽せない光明（無称光《むしょうこう》）、太陽や月の輝きも超えている光明（超日《ちょうにち》月光《がっこう》）であって、あらゆる世界を照らし、すべて生けるものにしてこの光照を蒙らないものはないのである。

阿弥陀如来の第十七願によって、われわれに与えられた南無阿弥陀仏《なもあみだぶつ》の称名は、浄土に生まれる行《ぎょう》となる正しい因《たね》である。そして、第十八願に誓われている「至心《ししん》・信楽《しんぎょう》・欲生《よくしょう》」の三心、つまり如来の真実心を領受したところの信心が、仏のさとりを開く正しい因なのである。

第十一願に「必ず滅度《めつど》（さとり）に至らしめよう」と誓われ、その願いが成就されているから、われらが信心を得れば、必ず来世にさとりを開く身と決定し、命終って浄土に生まれるや、仏のさとりを開くのである。

＊「法蔵菩薩、因位の時」以下「必至滅度の願、成就なり」までの十八句は、１弥陀のこころを述べる項。（1）**法蔵菩薩** 法蔵（Dharmākara、真理の鉱床）とは、阿弥陀仏が求道者（bodhisattva、音写して菩薩）として修行していたときの名前。梵本や唐訳《とうやく》では法蔵比丘とする。（2）**因位** 仏果のさとりに達しない以前の、求道者の地位をいう。（3）**世自在王仏** 梵名 Lokeśvararāja。法蔵菩薩が第五十四番目に師事した仏。（4）**諸仏の浄土** 魏訳《ぎやく》の『無量寿経』では、二百一十億の仏国土というから、全宇宙を網羅するといえよう。（5）**重ねて誓う** 法蔵菩薩が師の世自在王仏にまみえて、その威徳をたたえる詩句「讃仏偈」を述べ、ついで四十八の本願を表明、終ってそれらを要約して誓う詩句「重誓偈」を述べているのをいう。（6）**名声** 阿弥陀仏の名前。第十七願（諸仏称揚の願、諸仏称名の願などと呼ばれる）に基づいて、阿弥陀仏の名前が諸仏にほめたたえられるということは、南無阿弥陀仏の名号が衆生に称えられることである、と解されている。（7）**無量・無辺光** 無量（光）から超日月光までを阿弥陀仏の放つ十二光という。曇鸞の『讃阿弥陀仏偈』およびそれを和讃に詠んだ親鸞の「讃阿弥陀仏偈讃」を参照。（8）**本願の名号** ここでは、第十七願に誓われた南無阿弥陀仏の称名。（9）

正定の業　浄土に往生する行と決定する因《たね》。**（10）至心信楽の願**　第十八願（念仏往生の願などと呼ぶ。四十八願の中の王本願）は、至心・信楽・欲生の三心をもって憶念する者を救うと誓っている。親鸞は三心が如来の真実心に基づくから三信と書き、三心は信楽の一心に収まり、真実信心にほかならないとした。この句は、他力廻向の信心を得ることが、凡夫が仏のさとりを開く正しい因であるという。**（11）等覚**　等正覚ともいう。弥《み》勒《ろく》菩薩のごとく、次生に必ず仏になるという菩薩の最高位。**（12）大涅槃**　大般《はつ》涅《ね》槃《はん》（mahāparinirvaṇa）の略。大いなる安らぎ、仏のさとり。**（13）必至滅度の願**　第十一願をいう。この願は正定聚不退転の位についてからのち、必ず仏のさとり（滅度）に至らしめようと誓っている。

2　釈尊のすすめ

如《にょ》来《らい》所《しょ》以《い》興《こう》出《しゅっ》世《せ》
唯《ゆい》説《せつ》弥《み》陀《だ》本《ほん》願《がん》海《かい》
五《ご》濁《じょく》悪《あく》時《じ》群《ぐん》生《じょう》海《かい》
応《おう》信《しん》如《にょ》来《らい》如《にょ》実《じつ》言《ごん》

如来、(1)世《よ》に興出したもう所以《ゆえ》は、
唯《ただ》、弥陀本願海(2)を説《と》かんとなり。
五濁(3)悪時の群生海、
まさに如来如実の言《みこと》(4)を信ずべし。

能《のう》発《ほつ》一《いち》念《ねん》喜《き》愛《あい》心《しん》
不《ふ》断《だん》煩《ぼん》悩《のう》得《とく》涅《ね》槃《はん》
凡《ぼん》聖《じょう》逆《ぎゃく》謗《ほう》斉《さい》廻《え》入《にゅう》
如《にょ》衆《しゅ》水《しい》入《にゅう》海《かい》一《いち》味《み》
摂《せっ》取《しゅ》心《しん》光《こう》常《じょう》照《しょう》護《ご》
已《い》能《のう》雖《すい》破《は》無《む》明《みょう》闇《あん》
貪《とん》愛《ない》瞋《しん》憎《ぞう》之《し》雲《うん》霧《む》
常《じょう》覆《ふ》真《しん》実《じつ》信《しん》心《じん》天《てん》
譬《ひ》如《にょ》日《にっ》光《こう》覆《ふ》雲《うん》霧《む》
雲《うん》霧《む》之《し》下《げ》明《みょう》無《む》闇《あん》
獲《ぎゃく》信《しん》見《けん》敬《きょう》大《だい》慶《きょう》喜《き》
即《そく》横《おう》超《ちょう》截《ぜつ》五《ご》悪《あく》趣《しゅ》
一《いっ》切《さい》善《ぜん》悪《まく》凡《ぼん》夫《ぶ》人《にん》
聞《もん》信《しん》如《にょ》来《らい》弘《ぐ》誓《ぜい》願《がん》

能《よ》く、一念(5)喜愛の心(6)を発《ほっ》すれば、
煩悩を断ぜずして涅槃(7)を得《う》るなり。
凡聖・逆謗(8)、斉《ひと》しく廻入すれば、
衆水、海《うみ》に入《い》りて一味なるがごとし。
摂取の心光(9)、常《つね》に照護したもう。
已《すで》に能《よ》く無明の闇《やみ》(10)を破すと雖《いえど》も、
貪愛瞋憎(11)の雲霧、
常《つね》に真実信心(12)の天に覆《おお》えり。
譬《たと》えば日光の雲霧に覆《おお》わるれども、
雲霧の下《した》、明《あき》らかにして闇無《やみな》きがごとし。
信を獲《え》(13)て、見《み》て敬《うやま》い、大《おお》きに慶喜すれば、
即《すなわ》ち横《よこさま》(14)に五悪趣を超截す。
一切善悪の凡夫人(15)、
如来の弘誓願を聞信(16)すれば、

仏言《ぶつごん》広大《こうだい》勝解者《しょうげしゃ》
是人名《ぜにんみょう》分陀利華《ふんだりけ》
弥陀仏本願念仏《みだぶつほんがんねんぶつ》
邪見憍慢悪衆生《じゃけんきょうまんなくしゅじょう》
信楽受持甚以難《しんぎょうじゅじじんになん》
難中之難無過斯《なんちゅうしなんむかし》

仏、「広大勝解の者《ひと》」(17)と言《のたま》えり。
是《こ》の人《ひと》を「分陀利華」(18)と名づく。
弥陀仏の本願念仏(19)は、
邪見憍慢悪衆生、
信楽(20)受持すること甚《はなは》だ以《もっ》て難《かた》し。
難の中《なか》の難(21)、これに過《す》ぎたるはなし。

釈尊《しゃくそん》を含め諸仏がこの世に出現なされた目的は、ただ阿弥陀如来《あみだにょらい》の大海にも比すべき本願を説くためであった。五つの濁《にご》りに満ちた悪世に生きる者たちよ、まさに諸仏の真実のことばを信ずべきである。

およそ、だれでも一《ひと》たび本願のいわれを聞いて、信心喜ぶ人となれば、煩悩を断つことなく涅槃《ねはん》のさとりを開く身と定まる。凡夫であれ聖者であれ、五逆罪《ごぎゃくざい》を犯《おか》したり仏法を謗《そし》ったりする者であっても、すべてみな心をめぐらして、本願の海に帰入すれば、あたかも万川《ばんせん》が大海に流れ入ると同じ塩味の海水となるようなものである。

如来は救いとる光明を放って、つねに信心の人を照らし護りたもうておられる。およそ信心を得たとき、これまで仏智を疑ってきた無知の闇《やみ》は断《た》たれるが、悲しいかな、貪《むさぼ》りと瞋《いか》りの雲霧によって真実信心の天空《そら》は覆《おお》いかくされている。だが、あたかも太陽が雲霧に覆《おお》いかくされても、その雲霧の下は明るく、闇がないように、信心の人はみずからの煩悩に覆われているけれども、仏智にたいする疑いの心はすっかり晴らされているのである。

かくして、信心を得、み教えを聞いて大悲《だいひ》を喜ぶ人となるならば、そのとき、五つの迷いの世界を横《よこ》ざまに超《こ》えて、浄土に生まれる身と定まる。そこで、善人・悪人の別なく、すべての凡夫が阿弥陀如来《あみだにょらい》の本願のいわれを聞いて信ずれば、釈尊《しゃくそん》はかれらをたたえて、「すぐれた智慧者」と呼び、「人びとの中の白蓮華」といわれた。

それにしても、阿弥陀如来の本願に基づく念仏は、邪《よこしま》な見解を抱き、高慢な悪しき心の人びとにとって、信じたもつことはきわめて難しく、至難中の難事につきる。

＊「如来、世に興出したもう所以は」以下「難の中の難、これに過ぎたるはなし」までの二十四句は、2 **釈尊のすすめ**を述べる項。（1）**如来**　親鸞は『尊号真像銘文《そんごうしんぞうめいもん》』の中で、

この句に自注を施し「如来とまふすは諸仏とまふす也」という。釈尊も含めて一切諸仏の出世本懐は、正法たる阿弥陀仏の本願を説くことであったとする。（2）**弥陀本願海**　次句に、「群生海」の語が並べてあげられているように、親鸞は仏の側と衆生の側の両者に海の語を使っている。これは、如来が凡夫のわれらを目あてとして本願をたて、洩れなく救いとろうと衆生の中に入り込んで働きつづけることに基因するからである。（3）**五濁**　五つの濁り。悪世の特色である劫濁《こうじょく》（時代のけがれ）・見濁《けんじょく》（思想のけがれ）・煩悩《ぼんのう》濁《じょく》（知的煩悩と情的煩悩のけがれ）・衆生濁《しゅじょうじょく》（人間の質的低下）・命濁《みょうじょく》（人間の寿命の短少）の五つ。『阿弥陀経』に、釈尊は五濁悪世において難信の法たる念仏の教えを説くという。　（4）**如実の言**　真実のことば。仏典では、仏は真実を語る者と説かれている。（5）**一念**　ここでは、浄らかな信心。一心ともいう。　（6）**喜愛の心**　喜悦の心。喜びをともなう信心。一念も喜愛心も、ともに他力の信心を指す。　（7）**煩悩を断ぜずして**　煩悩具足の身でありながら、涅槃のさとりを得るということは、「煩悩を断じて涅槃を得る」という表現と内容的に同一である。なぜならば、煩悩の身でありながら、煩悩が働かなくなったところを指して、煩悩を断ずる、つまりさとったというからである。「断ぜずして」の句は、信心の利益として与えられる現生正定聚の位につくことをいう。　（8）**逆謗**　「逆」とは五逆罪《ごぎゃくざい》（母を殺す罪、父を殺す罪、阿羅漢を殺す罪、仏身を傷つけ血を流す罪、仏教教団の和合を破壊する罪の五つの重罪）をいい、これを犯すと無間地獄に堕すから五無間業《ごむけんごう》ともいう。「謗」とは正法を謗ること。　**（9）摂取の心光**　仏身から放つ光明に、身光（色光）と心光がある。心光は信心を得た人が蒙るところの、仏の照護したもう光明をいう。　**（10）無明の闇**　無明（avidyā）とは真理・真実を知らない無知のことで、知的煩悩の最たるもの。黒闇に譬えてこのようにいう。　**（11）貪愛瞋憎**　貪《とん》欲《よく》（むさぼり）と瞋恚《しんに》（いかり）の二つで、情的煩悩の最たるもの。　**（12）真実信心**　如来の真実心を疑いなく領受したところを指して、わたくしは信心を得たという。この他力廻向による信心を真実信心と名づける。　**（13）信を獲て**　この一句は『無量寿経』の「往覲偈《おうごんげ》」（「東方偈」ともいう）に、「法を聞きて能く忘れず、見て敬い大慶を得ば、則ち我が善き親友なり」とあるのによったと思われる。「獲」は因位、「得」は果位の用法と親鸞は区別しているから、この句は現生において信心を獲れば喜悦が伴って生じ、不退転の位につくことを意味している。真蹟の坂東本には「見敬得大慶喜人」を抹消し、左傍に「獲信見敬大慶人」と訂正している。　**（14）即ち横に**　この句は『無量寿経』の文に出ている。よこさまに一飛びするとは、他力によって無明のきずなを切ること。五悪趣とは地獄・餓鬼・畜生・人間・天上（神々）の五つの迷いの世界をいう。　**（15）善悪の凡夫人**　善根・功徳を積み修めることのできる凡夫（善凡夫）と、悪行のみしかできない凡夫（悪凡夫）をいう。いずれも迷いの衆生である。（16）**聞信**　本願のいわれを聞いて信ずること。聞くことによって疑いの晴れたところを指して、信心を得たというので、聞と信とは相即し、聞即信といわれる。（17）**勝解の者**　勝れた信解《しんげ》（信心）の人。（18）**分陀利華**　『観無量寿経』において念仏者をたたえて、「人中の分陀利華」という。分陀利華はpuṇḍarīka の音写、白蓮華のこと。善導はこのような念仏者を妙好人と表現している。（19）**本願念仏**　第十八願に基づく念仏。（20）**信楽**　第十八願に至心・信楽・欲生の三心が誓われ、そのうちの信楽をもって真実信心としている。（21）**難の中の難**　『無量寿経』の流通分（結語）にこの句を出す。

二　依釈段

(一)　七高僧を貫くもの

印度《いんど》西天《さいてん》之《し》論家《ろんげ》
中夏《ちゅうか》日域《じちいき》之《し》高僧《こうそう》
顕《けん》大聖《だいしょう》興世《こうせ》正意《しょうい》
明《みょう》如来《にょらい》本誓《ほんぜい》応機《おうき》

印度西天(1)の論家、(2)
中夏・(3)日域(4)の高僧、(5)
大聖(6)興世の正意を顕《あら》わし、
如来の本誓、(7)機(8)に応ずることを明《あ》かす。

西国インドの龍樹菩薩《りゅうじゅぼさつ》と天親菩薩《てんじんぼさつ》、中国の曇鸞大師《どんらんだいし》と道綽禅師《どうしゃくぜんじ》と善導大師《ぜんどうだいし》、そしてわが国の源信和尚《げんしんかしょう》と源空上人《げんくうしょうにん》、これら三国の七高僧は、異口同音に「大聖《だいしょう》・釈尊《しゃくそん》がこの世に出現なされた本意は、阿弥陀如来《あみだにょらい》の本願を説くことにあった」と明かし、そして「阿弥陀如来の本願こそ、われら凡夫の力量にかなっている」ということを説かれた。

＊「印度西天の論家」以下「機に応ぜることを明かす」までの四句は、㈠七高僧を貫くものを述べる項。七高僧の各論に入る前の総論。　（1）**印度西天**　西天もインドのこと。天竺《てんじく》ともいう。　（2）**論家**　経典を論究する学者。　（3）**中夏**　中華とも書く。中国のこと。　（4）**日域**　日本のこと。　（5）**高僧**　高徳の僧侶。ここでは親鸞が選定したインド・中国・日本の三国にわたる七人の高僧を指す。　（6）**大聖**　釈迦牟尼世尊（略して釈尊。釈迦族出身の偉大なる聖者の意）をいう。　（7）**如来の本誓**　阿弥陀如来の本願。　（8）**機**　機根（人間の能力・力量）の略。ここでは末世における能力の劣ったわれわれ凡夫をいう。

㈡　七高僧をたたえる

1　龍樹菩薩

釈迦《しゃか》如来《にょらい》楞伽山《りょうがせん》　　　釈迦如来、楞伽山(1)にして、

為《い》衆《しゅ》告《ごう》命《みょう》南《なん》天《てん》竺《じく》
龍《りゅう》樹《じゅ》大《だい》士《じ》出《しゅっ》於《と》世《せ》
悉《しっ》能《のう》摧《ざい》破《は》有《う》無《む》見《けん》
宣《せん》説《ぜつ》大《だい》乗《じょう》無《む》上《じょう》法《ほう》
証《しょう》歓《かん》喜《ぎ》地《じ》生《しょう》安《あん》楽《らく》
顕《けん》示《じ》難《なん》行《ぎょう》陸《ろく》路《ろ》苦《く》
信《しん》楽《ぎょう》易《い》行《ぎょう》水《しい》道《どう》楽《らく》
憶《おく》念《ねん》弥《み》陀《だ》仏《ぶっ》本《ほん》願《がん》
自《じ》然《ねん》即《そく》時《じ》入《にゅう》必《ひつ》定《じょう》
唯《ゆい》能《のう》常《じょう》称《しょう》如《にょ》来《らい》号《ごう》
応《おう》報《ほう》大《だい》悲《ひ》弘《ぐ》誓《ぜい》恩《おん》

衆のために告命(2)したまわく、「南天竺(3)に、
龍樹(4)大士(5)、世《よ》に出《い》でて、
悉《ことごと》く能《よ》く有無の見(6)を摧破せん。
大乗無上の法を宣説し、
歓喜地(7)を証して安楽(8)に生ぜん」と。
「難行の陸路、苦《くる》しきことを顕示して、
易行(9)の水道《すいどう》、楽《たの》しきことを信楽(10)せしむ。
弥陀仏の本願を憶念すれば、
自然(11)に即時《そのとき》、必定(12)に入《い》る。
唯《ただ》能《よ》く常《つね》に如来の号を称《みな》して、
大悲弘誓の恩を報ず(13)べし」といえり。

釈尊《しゃくそん》は入滅七百年（南方仏教の史伝）後を確約して、楞伽山《りょうがせん》で人びとに、説法された。
「南インドに龍樹菩薩《りゅうじゅぼさつ》が出られて、有《う》と無《む》の二つの偏見《へんけん》をうち破り、大乗仏教の究極の

教えを説き弘めて、かれ自身、仏のさとりを開くに決定した不退転《ふたいてん》の位《くらい》を得、命終って阿弥陀如来の安楽浄土《あんらくじょうど》に往生するであろう」と。

龍樹菩薩《りゅうじゅぼさつ》はその著『十住毘婆沙論《じゅうじゅうびばしゃろん》』「易行品《いぎょうほん》」の中で、つぎのように述べている。

「およそ、大乗仏教の求道者の歩む菩薩道は、難行《なんぎょう》そのものであって、あたかも陸路を歩む人のように労苦に満ちている。そこで、難行の菩薩道を達成するためには、〃信心をてだてとする易行〃(信方便易行《しんほうべんのいぎょう》)によるべきで、これはあたかも舟に乗って水路を行く人のように安楽そのものである。易行道《いぎょうどう》の教えとは、阿弥陀仏の本願を信ずる者は、信心を得たそのとき、本願力《ほんがんりき》の働きによって、仏のさとりを開くに決定した不退(転)の位に入るから、ただ常に〃南無阿弥陀仏〃と名号を称えて、如来大悲のご恩に報いる生活を送るべきである」と。

＊「釈迦如来、楞伽山にして」以下「恩を報ずべしといえり」までの十二句は、１ 龍樹菩薩の項。（1）楞伽山　釈尊が『入楞伽経《にゅうりょうがきょう》』を説法されたという山。（2）告命　菩提流支訳《ぼだいるしやく》の『入楞伽経』（大正・一六・五六九ａ）に、大慧菩薩に向って釈尊が記別《きべつ》（未来の確約）したもうとあるのを指す。（3）南天竺　南インド。（4）龍樹　ナーガー

ルジュナ（Nāgārjuna）の漢訳名。西紀一五〇～二五〇年の人、南インドに生まれる。初期大乗経典の『般若経』に説く智慧の世界を空や縁起の思想によって解明し、『大智度論』『十住毘婆沙論』『中論』などを著わす。インド中観派の祖で、後世、八宗の祖師と仰がれる。　（5）大士　mahāsattva（摩訶薩）の訳。菩薩の語とともに使われ、立派な求道者を指す。　（6）有無の見　有見（常住不変のものと執われる偏見）と無見（虚無のものと執われる偏見）。見（dṛṣṭi）とは見解の意であるが、仏教では一般に偏見とか邪見を指す。龍樹哲学の根本たる八不中道が、大乗菩薩道の実践の中で体得されるためには、往生浄土を明かす念仏以外にないということが、以下、暗に示されている。　（7）歓喜地　菩薩の修行階位を五十二（十信・十住・十行・十廻向・十地・等覚・妙覚）に分けたうちの、第四十一位の初地《しょじ》をいう。必ず仏となる身と定まり退転しない位であるから、不退の位といい、また大いに歓喜するから歓喜地ともいう。　（8）安楽　阿弥陀仏の浄土の名。梵名 Sukhā-vatī（幸あるところ）は、安養とか極楽などと漢訳される。　（9）易行　龍樹はその著『十住毘婆沙論』「易行品」において、大乗菩薩道は難行であり、とりわけ不退の位（初地）に達することは至難であるが、「信方便の易行」（信心を方便とする易行）、すなわち阿弥陀仏の本願力を信知する念仏の教えによって達成できるとした。そして、これを易行道と呼んでいる。のちに中国の曇鸞は「信方便の易行」を「信仏の因縁」

（信仏を因縁とする〔易行〕）と言い換えている。　(10)信楽　信じ願うこと。第十八願の中の、至心・信楽・欲生という信心をあらわす三つの語の一つ。原語 prasāda は浄信とか証浄と訳されているごとく、心が清まり、身心が喜びにあふれた信心のすがたを指す語。親鸞は信楽を他力廻向の真実信心と解している。　(11)自然　本願他力と同義に使われる。詳しくは親鸞「自然法爾章《じねんほうにしょう》」を参照。　(12)必定　彼土に生まれれば必ず仏のさとりを開くことに決定している位。不退の位、正定聚の位ともいう。　(13)恩を報ず　称名は仏恩報謝のものであるとする親鸞の考えが、ここに明示されている。

2　天親菩薩

天《てん》親《じん》菩《ぼ》薩《さつ》造《ぞう》論《ろん》説《せつ》
帰《き》命《みょう》無《む》碍《げ》光《こう》如《にょ》来《らい》
依《え》修《しゅ》多《た》羅《ら》顕《けん》真《しん》実《じつ》
光《こう》闡《せん》横《おう》超《ちょう》大《だい》誓《せい》願《がん》
広《こう》由《ゆ》本《ほん》願《がん》力《りき》廻《え》向《こう》

天親菩薩(1)、論(2)を造《つく》りて説《と》かく、
「無碍光如来(3)に帰命したてまつる。
修多羅(4)に依《よ》りて、真実を顕《あら》わして、
横超(5)の大誓願を光闡(6)す」
広《ひろ》く本願力の廻向に由《よ》りて、

為《い》度《ど》群《ぐん》生《じょう》彰《しょう》一《いっ》心《しん》　群生(7)を度(8)せんがために、一心(9)を彰《あらわ》す。
帰《き》入《にゅう》功《く》徳《どく》大《だい》宝《ほう》海《かい》　「功徳大宝海に帰入(10)すれば、
必《ひっ》獲《ぎゃく》入《にゅう》大《だい》会《え》衆《しゅ》数《しゅ》　必《かなら》ず大会衆の数《かず》に入《い》(11)ることを獲《う》。
得《とく》至《し》蓮《れん》華《げ》蔵《ぞう》世《せ》界《かい》　蓮華蔵世界に至《いた》(12)ることを得《う》れば、
即《そく》証《しょう》真《しん》如《にょ》法《ほっ》性《しょう》身《しん》　即《すなわ》ち真如法性(13)の身を証せしむ」と。
遊《ゆう》煩《ぼん》悩《のう》林《りん》現《げん》神《じん》通《ずう》　「煩悩の林《はやし》に遊《あそ》んで(14)神通(15)を現じ、
入《にゅう》生《しょう》死《じ》薗《おん》示《じ》応《おう》化《げ》　生死の薗《その》(16)に入《い》りて応化(17)を示《しめ》す」といえり。

天親《てんじん》菩薩《ぼさつ》は、その著『浄土論《じょうどろん》』冒頭の「願生偈《がんしょうげ》」に、「世尊《せそん》よ、わたくしは一心《いっしん》に、尽十方無碍光如来《じんじっぽうむげこうにょらい》に帰命《きみょう》したてまつる。わたくしは『無量寿経《むりょうじゅきょう》』によって〝真実〟の世界を顕《あら》わし、〝真実〟の働きたる如来の大いなる誓願を開示しよう。それはわれわれをして、横ざまに五つの迷いの世界を超え、仏のさとりを得させるものである」と。つまり、天親菩薩は如来がわれわれに廻《めぐ》らしたもう本願力によって、広く一切衆生を救うべく、その本願のいわれを信受する信心を〝一心〟と表明したもうたのである。

また『浄土論』に、こう説かれている。

「名号のいわれを信じて、さとりを開くためのあらゆる功徳に満ちた名号の大宝海に帰入すれば、必ず、この世において浄土の菩薩たちの仲間に入るであろう。そして、命終って、大蓮華に蔵《おさ》められた世界とも呼ばれる安楽浄土に往生すれば、たちどころにさとりを開いて仏たらしめられる」と。また「仏となれば、人びとを救うべくこの世に還《かえ》り、煩悩の林に遊化《ゆげ》して神通力《じんずうりき》を現わし、輪廻《りんね》の園《その》に入って教化の働きをなす」と。

＊「天親菩薩、論を造りて説かく」以下「応化を示すといえり」までの十二句は、２ **天親菩薩**の項。（１）**天親菩薩**　天親はVasubandhuの旧訳名、新訳名は世親《せしん》。四〇〇～四八〇年（異説あり）の人、北インドのガンダーラに生まれる。兄の無着《むちゃく》（Asaṅga）のすすめで大乗仏教に帰し、瑜伽《ゆが》行唯識派を大成した。千部の論主と称される。（２）**論**『無量寿経優婆提舎願生偈《うばだいしゃ》』、略して『浄土論』という。四句一偈の二十四偈よりなる「願生偈」と、それを解釈する散文の部分とからなっている。（３）**無碍光如来**「願生偈」の第一偈・帰敬偈には、「世尊よ、我れ一心に尽十方無碍光如来に帰命したてまつり、安楽国に生まれんと願う」とある。（４）**修多羅**　sūtraの音写。ここでは『無量寿経』のこと。「願生偈」の第二偈・発起序には、「我れ、修多羅の真実功徳相に依って、願偈を説

きて総持して、仏教と相応せん」とある。（5）**横超**　迷いの輪廻界を横ざまに飛び超えて、浄土に生まれ仏果をさとること。（6）**光闡**　広く説きあかすこと。（7）**群生**　衆生と同じ。（8）**度**　済度。救い。（9）**一心**　天親菩薩の「一心」（帰敬偈）は、『無量寿経』の眼目たる「信楽《しんぎょう》」すなわち他力廻向の真実信心であると、親鸞は解する。（10）**功徳大宝海に帰入**　南無阿弥陀仏の名号は、一切衆生を救いとって捨てないというあらゆる功徳で満ちている宝海である。かかる名号のいわれを信ずる身となったとき、正定聚不退転の位につくのである。これは、『浄土論』に説く五功徳門の第一の果徳。（11）**大会衆の数に入る**　五功徳門の第二の果徳。名号のいわれを信じて正定聚不退転に住する念仏者は、阿弥陀仏をとりまく聖衆《しょうじゅ》の仲間入りをする。（12）**蓮華蔵世界に至る**　五功徳門の第三の果徳。この世界は『華厳経』の説く毘盧舎那《びるしゃな》仏の世界をいうが、いまは阿弥陀仏の浄土をたたえていう。（13）**真如法性**　真如も法性も真理のこと。真如法性の身とは真理をさとった仏をいう。浄土に生まれて仏のさとりを開くと、種々の法味楽《ほうみらく》を享受する。これは五功徳門の第四の果徳である。（14）**煩悩の林に遊んで**　迷いの世界に還って、思うままに衆生を救っていとうことがない。以下、五功徳門の第五の果徳で、利他の働きを指す。（15）**神通**　超人的な通力で、解脱《げだつ》した人の具える働き。五神通あるいは六神通を数える。（16）**生死の薗**　輪廻《りんね》する迷いの生存の一々についていえば、一つの生存に生まれてそこで死ぬから、一生存とは一生死である。ここでは、数えきれない生死の世界を薗林に譬えている。

(17) 応化　人びとの機根（能力）に応じて教化すること。

3　曇鸞大師

本《ほん》師《し》曇《どん》鸞《らん》梁《りょう》天《てん》子《し》
常《じょう》向《こう》鸞《らん》処《しょ》菩《ぼ》薩《さつ》礼《らい》
三《さん》蔵《ぞう》流《る》支《し》授《じゅ》浄《じょう》教《きょう》
焚《ぼん》焼《じょう》仙《せん》経《ぎょう》帰《き》楽《らく》邦《ほう》
天《てん》親《じん》菩《ぼ》薩《さつ》論《ろん》註《ちゅう》解《げ》
報《ほう》土《ど》因《いん》果《が》顕《けん》誓《せい》願《がん》
往《おう》還《げん》廻《ね》向《こう》由《ゆ》他《た》力《りき》
正《しょう》定《じょう》之《し》因《いん》唯《ゆい》信《しん》心《じん》
惑《わく》染《ぜん》凡《ぼん》夫《ぶ》信《しん》心《じん》発《ぽつ》

本師(1)曇鸞(2)は、梁の天子(3)、
常《つね》に鸞の処《ところ》に向《む》いて、菩薩と礼したてまつる。
三蔵流支(4)、浄教(5)を授《さず》けしかば、
仙経(6)を焚焼して、楽邦に帰(7)したまいき。
天親菩薩の論、註解して(8)、
報土の因果(9)、誓願に顕《あら》わす。
「往還の廻向(10)は他力(11)に由《よ》る。
正定の因(12)は唯《ただ》、信心なり。
惑染の凡夫(13)、信心(14)発《ほっ》すれば、

証《しょう》知《ち》生《しょう》死《じ》即《そく》涅《ね》槃《はん》　生死即涅槃(15)なりと証知せしむ。
必《ひっ》至《し》無《む》量《りょう》光《こう》明《みょう》土《ど》　必《かなら》ず無量光明土(16)に至《いた》れば、
諸《しょ》有《う》衆《しゅ》生《じょう》皆《かい》普《ふ》化《け》　諸有の衆生(17)、皆《みな》、普《あまね》く化す」といえり。

梁《りょう》の武帝《ぶてい》は曇鸞大師《どんらんだいし》のおられるところに向って、常に曇鸞菩薩とたたえて敬われた。もともと、大師は不老長寿を説く仙術の書に親しんでいたが、インドからきた三蔵法師《さんぞうほうし》の菩提流支《ぼだいるし》に出会い、『観無量寿経《かんむりょうじゅきょう》』を授けられたので、仙術の書を焼き捨てて、安楽浄土に往生する教えに帰依することとなった。

曇鸞大師は天親菩薩《てんじんぼさつ》の『浄土論《じょうどろん》』を注釈して『浄土論註《じょうどろんちゅう》』を著わし、安楽浄土が建立《こんりゅう》された因も果も、みな阿弥陀如来の本願によるものであるということを明らかにした。

そして、こういう。「われわれが浄土に往生すること（往相《おうそう》）も、浄土からこの世に還《かえ》って人びとを救う働き（還相《げんそう》）も、すべて他力《たりき》（如来の本願力）による。この他力を信知する信心こそ、われわれが浄土に生まれて仏のさとりを開く因《たね》なのである。

たとえ煩悩にけがれた凡夫であっても、ひとたび信心発《おこ》るならば、〝迷いを離れてさとりはない〟という仏果を得る身と定められ、命終って、光明無量《こうみようむりよう》の浄土に生まれ仏となるや、必ずこの世に還《かえ》ってあらゆる人びとを教化して救うのである」と。

＊「本師曇鸞は、梁の天子」以下、「普く化すといえり」までの十二句は、3 **曇鸞大師**の項。

（1）**本師**　わが浄土真宗の祖師という意味をもって、親鸞は七高僧をたたえてこのように呼ぶ。「高僧和讃」には、天親菩薩と善導大師を除いた他の五祖に、本師を付している。

（2）**曇鸞**　中国山西省、五台山に近い雁門《がんもん》に生まれる(四七六～五四二)。難解な『大集経《だいじつきよう》』の翻訳中、病気となったので長生不死の法を求めて陶隠居《とういんきよ》(陶弘景)を訪ね、仙経十巻を授けられた。帰途、インド僧・菩提流支《ぼだいるし》（Bodhiruci 生没年不詳）に会って、『観無量寿経』を授けられたので、仙経を捨てて浄土教に帰依した。天親の『浄土論』を註解した『浄土論註』（『往生論註』、略して『論註』ともいう）や、『讃阿弥陀仏偈』を著わした。

（3）**梁の天子**　梁の蕭王《しよう》(四六四～五四九)、武帝と諡号する。江南の王であったから、北地に住む北魏《ほくぎ》の曇鸞に向って遙拝された。（4）**三蔵流支**　三蔵とは三蔵法師（経蔵・律蔵・論蔵の三蔵、すなわち一切経に精通した学僧）の略。流支とは北インドの僧・菩提流支の略。かれは中国に来て、『金剛般若経』、『入楞伽経《にゆうりようが》』、『浄土論』などを訳出している。

（5）**浄教**　浄土経典。ここでは畺良耶舎《きようりようやしや》訳の『観無量寿経』をいう。（6）**仙経**　中国の仙術の書で、不老長寿の術などが説かれている。　(7)楽邦に帰し　極楽浄土に往生することを説く教えに帰依すること。　(8)註解して　天親の『浄土論』に注釈して『浄土論註』を著わしたこと。本書は上下両巻からなり、上巻は総説分（「願生偈」を五念門によって解釈する部分）、下巻は解義分（「願生偈」につづく散文を十節に分けて解釈する部分）となっている。　(9)報土の因果　極楽浄土は法蔵菩薩の四十八願と修行を因として、それによって報われ結果した仏国土であるから、報土という。この報土が建立された因も、また果として報土に具わっている三厳・二十九種の荘厳《しょうごん》（しつらい）も、すべて本願力によるという。　(10)往還の廻向　往相（われわれが浄土に往生するすがた）と、還相（浄土からこの世に還って衆生を救う働き）の二つが、いずれも如来の本願力によって、われわれにめぐらし施されたものであるという意。　(11)他力　阿弥陀如来の本願力をいう。一般に、自力の語と並べて、相手の力にすがるという意味に使うのは、まったく誤りである。　(12)正定の因　「正定の因といふは、かならず無上涅槃のさとりをひらくたねとまふす也」（『尊号真像銘文』末）とあるから、信心のみが正《まさ》しく往生即成仏のさとりを開く因《たね》であるの意。　(13)惑染の凡夫　三毒の煩悩に染まった凡夫。惑は煩悩のこと。　(14)信心　如来の真実・清浄の願心が凡夫の心中に領受され、如来の願心にすっかり乗托したところを指して、信心を発起したという。そのとき、この人は信心の得益として、正定聚不退転の位につくという現益《げんやく》（この世で得る利益）と、命終って往生すなわち成仏という当益《とうやく》（来世で得る利益）を与えられるから、親鸞は「証知せしむ」と読んだのであろう。

（15）**生死即涅槃**　浄土に往生するや、仏のさとりを開くが、そのさとりは、迷い（生死）と悟り（涅槃）が二にして不二のものであるということをさとることにある。『浄土論註』（下巻、利行満足章）の文に基づく。大乗仏教でさとりを表わす語として、この外に「煩悩即菩提」の語も使われる。（16）**無量光明土**　はかりなき光明に満ちた仏国土、すなわち阿弥陀仏の極楽浄土。（17）**諸有の衆生**　あらゆる衆生。

4　道綽禅師

道《どう》綽《しゃく》決《けつ》聖《しょう》道《どう》難《なん》証《しょう》　道綽、(1)聖道(2)の証し難《がた》きことを決して、
唯《ゆい》明《みょう》浄《じょう》土《ど》可《か》通《つう》入《にゅう》　唯《ただ》、浄土(3)の通入すべきことを明《あ》かす。
万《まん》善《ぜん》自《じ》力《りき》貶《へん》勤《ごん》修《しゅ》　万善の自力(4)、勤修を貶す。
円《えん》満《まん》徳《とく》号《ごう》勧《かん》専《せん》称《しょう》　円満の徳号(5)、専称を勧《すす》む。
三《さん》不《ぷ》三《さん》信《しん》誨《け》慇《おん》懃《ごん》　三不三信(6)の誨《おしえ》、慇懃にして、

像《ぞう》末《まつ》法《ほう》滅《めつ》同《どう》悲《ひ》引《いん》
一《いっ》生《しょう》造《ぞう》悪《あく》値《ち》弘《ぐ》誓《ぜい》
至《し》安《あん》養《にょう》界《がい》証《しょう》妙《みょう》果《か》

像末・法滅(7)、同《おな》じく悲引す(8)。
「一生、悪を造《つく》れども(9)、弘誓に値《もうあ》いぬれば(10)、
安養界(11)に至《いた》りて、妙果(12)を証せしむ」といえり。

道綽禅師《どうしゃくぜんじ》は『安楽集《あんらくしゅう》』を著わして、「末世の凡俗《ぼんぞく》にとって、聖者の修める大乗の教え（聖道門《しょうどうもん》）は、さとり難いものである」と断定し、「ただ念仏の教え（浄土門《じょうどもん》）によってのみ、凡夫が仏となることができる」ということを説き明かした。

そこで、禅師はよろずの善根功徳を修行する聖道門を斥《しりぞ》けて、さとりを開くための功徳がすでに円《まど》かに備わっている名号を、専ら称えよと勧められた。

また、曇鸞大師《どんらんだいし》の述べられた正しい信心の三つのすがた（三信《さんしん》＝すなおで、二心《ふたごころ》なく、余念《よねん》なきこと）と、ふさわしくない信心の三つのすがた（三不信《さんぷしん》＝すなおでなく、二心あり、余念あること）を引用して、ねんごろに教示された。

さらに、像法《ぞうほう》・末法・法滅と時代が進んで、正法《しょうぼう》が次第に行われなくなっていく世の人びとを、ことごとく大悲をもって導かれた。

そして禅師は「一生涯、悪を作りつづけるわれわれ凡夫も、ひとたび本願にお会いして信ずる身となれば、命終って安養浄土《あんにょうじょうど》に生まれ、仏のさとりを開かせていただくのである」と仰せになった。

＊「道綽、聖道の証し難きことを決して」以下「妙果を証せしむといえり」までの八句は、**4　道綽禅師**の項。（1）道綽　曇鸞没後二十年を経て北周の太原《たいげん》に生まれる（五六二〜六四五）。そのころ、末法に入ったという危機意識が高まり、北周武帝の破仏《はぶつ》も起った。玄中寺の曇鸞の碑文を読んだ道綽は、涅槃宗を離れ、『浄土論註』に導かれて浄土教に帰依した。かれの著わした『安楽集』は、末法の時代と機根《きこん》に相応した教えは浄土教である旨を論証した仏教概論である。善導はかれの八十歳のときの弟子である。（2）聖道　聖道門の略。大乗菩薩道は聖者の修める仏道とされ、龍樹はこれを難行のものとした。（3）**浄土**　浄土門の略。『安楽集』において道綽は「当今は末法にして、現に是れ五濁悪世なり。唯、浄土の一門のみありて、通入すべき路なり」という。（4）万善の自力　さとりを得るため、あらゆる善根功徳を積むところの自力をいう。（5）円満の徳号　さとりを開くに不可欠な善根功徳を円備するところの、南無阿弥陀仏の名号のこと。如来がわれわれ衆生に代ってこれらの功徳を修め、円備したものを名号として廻施しつつある

から、名号を称えることがそのまま、われわれの往生の行業にほかならない。（6）**三不三信**　三不信と三信。三不信とは三種の不相応の信心のこと。すなわち、本願のいわれにかなわない信心のすがた三つ——淳心《じゅんしん》（無疑《むぎ》心）でないこと、一心《いっしん》（無二心、決定《けつじょう》心）でないこと、相続心《そうぞくしん》（無間《むけん》心）でないことをいう。三信は三種の相応の信心をいう。いずれも曇鸞が『浄土論註』において、名号のいわれの信知し難い理由をあげて説明した一つ。道綽はこれを重視して『安楽集』に引用しているので、「慇懃にして」と親鸞はいう。

（7）**像末・法滅**　像法と末法と法滅。正像末の仏教史観によれば、釈尊滅後五百年間を正法の時代（教えと修行とさとりが具わっている時代）、つぎの一千年間を像法の時代（教えと修行が伝わるが、さとりを開く人のいない像《かたち》だけある時代）、さらにこれにつづく一万年間を末法の時代（教えだけが伝わっている時代）の三時期に分け、このあとは正法の滅尽すなわち法滅の時代に入るとする。ただし、インド仏教には「末法」の語はない。

（8）**同じく悲引す**　道綽は末法に入って十一年後に出生しているので、像法と末法の二つの時代に生きる人といえる。ここでは、禅師が三不三信の教えをもって、像法と末法の時代の人びとを、等しくあわれみ導かれたとたたえる。　（9）**一生、悪を造れども**　『安楽集』第二大門の文によれば、悪を造る（造悪）人とは『観無量寿経』の下品下生に出す五逆・十悪の愚人を指す。　（10）**弘誓に値いぬれば**　弘誓とは阿弥陀仏の四十八願、とりわけその第十八願（念仏往生の願）をいう。「値」に親鸞は「マウアヒヌレバ」と訓を付して読んでいる。これは平安朝後期以後、相手の人を尊敬してお会いする（マイアフ＝参り逢ふ）場合に使っていたのをうけ、仏の本願力にお会いするといった場合に限って、親鸞はこの訓を使い、信ずるの意味にとっている。　（11）**安養界**　安養浄土。阿弥陀仏の清浄仏国土である極楽世界。　（12）**妙果**　すぐれた仏のさとり。浄土に生まれるや、ただちに仏のさとりを開くから、往生即成仏という。弘誓の本願力による成仏であるから、「証せしむ」という。

5　善導大師

善《ぜん》導《どう》独《どく》明《みょう》仏《ぶっ》正《しょう》意《い》
矜《こう》哀《あい》定《じょう》散《さん》与《よ》逆《ぎゃく》悪《あく》
光《こう》明《みょう》名《みょう》号《ごう》顕《けん》因《いん》縁《ねん》
開《かい》入《にゅう》本《ほん》願《がん》大《だい》智《ち》海《かい》
行《ぎょう》者《じゃ》正《しょう》受《じゅ》金《こん》剛《ごう》心《しん》

善導(1)、独《ひと》り仏の正意を明《あ》かせり。(2)
定散(3)と逆悪(4)とを矜哀(5)して、
光明・名号、因縁を顕《あら》わす。(6)
「本願の大智海(7)に開入すれば、
行者(8)、正《まさ》しく金剛心(9)を受《う》けしめ、

慶喜《きょうき》一念《いちねん》相応《そうおう》後《ご》　慶喜の一念(10)相応して後《のち》、(11)
与《よ》韋提《いだい》等《とう》獲《ぎゃく》三忍《さんにん》　韋提(12)と等《ひと》しく三忍(13)を獲《え》、
即《そく》証《しょう》法性《ほっしょう》之《し》常楽《じょうらく》　即《すなわ》ち法性の常楽(14)を証せしむ」といえり。

善導大師《ぜんどうだいし》は、『観無量寿経《かんむりょうじゅきょう》』に関する古今の解釈の誤りを正《ただ》し、諸学者にぬきんでて独《ひと》り、釈尊の真意を明らかにされた。すなわち、大師は『観無量寿経』を注釈した『観経四帖疏《かんぎょうしじょうしょ》』を著わして、阿弥陀如来は、禅定《ぜんじょう》に入って修行に励む人（定善《じょうぜん》）、また世間的な善行を積む人（散善《さんぜん》）、あるいは十悪《じゅうあく》や五逆罪《ごぎゃくざい》を犯す悪人、それらの人びとを等しく慈《いつく》しまれて、南無阿弥陀仏の名号（衆生にとっての称名）を直接原因（因）とし、みずから放ちたもう光明を間接原因（縁）として浄土往生の果を得しめたもう、ということを明らかに示された。

さらに大師は説かれた。

「名号のいわれを信じて、本願の智慧の大海に帰入すれば、金剛石のごとき堅固な信心をいただき、喜びの心が本願にかなって生ずるや否や、あたかも『観無量寿経』の説法を聞いて救われた韋提希夫人《いだいけぶにん》と同様に、仏智《ぶっち》をさとる心（悟忍《ごにん》）・信心の定まった心（信《しん》忍《にん》）・必ず往生することを喜ぶ心（喜忍《きにん》）の三種の心を得て不退転の位に住し、つぎの世に浄土に生まれるや、常住・安楽のさとりを開かしめられる」と。

＊「善導、独り仏の正意を明かせり」以下「常楽を証せしむといえり」までの八句は、5**善導大師**の項。（1）**善導**　唐代、浄土教の祖師。山東省臨淄《りんし》の生まれ（六一三～六八一）。道綽から教えをうけ、長安の光明寺に住して民衆の間に念仏を弘め、『観経四帖疏』など五部九巻の著作を著わした。従来の諸学者による『観無量寿経』研究を批判し、凡夫の報土往生こそ仏の本意であると明かした。世に善導流の念仏という。（2）**独り……明かせり**　中国における『観無量寿経』研究が『観無量寿経』を仏や浄土を禅定観法によって観察する経と見る考えで占められていたのにたいして、善導はこの経の本旨を、下下品の凡夫が称名念仏して救われる道を説いたものととらえた。かれは摂論家《しょうろんけ》などの諸師にぬきんでて、独り古今の誤りをただしたので、これを「古今楷定《ここんかいじょう》」という。（3）**定散**「定」は禅定心をもって修める定善《じょうぜん》の略。「散」は日常の散乱心で修める散善《さんぜん》の略。『観無量寿経』十六観のうち、前十三観が定善であり、後三観（三福・九品）が散善である。善導は衆生の機根を二つに分け、定と散とした。（4）**逆悪**　『観無量寿経』に下三品の

愚人とは、五逆罪（一七頁、逆謗の項参照）と十悪業を犯した者をいう。十悪業は十善業の反対で、殺生・偸盗・邪婬・妄語・両舌《にまいじた》・悪口・綺語《むいみなことば》・貪欲・瞋恚《いかり》・邪見をいう。下三品の機は輪廻の者であるが、善導は十悪五逆の凡夫人、法然は十悪五逆の罪人、源信は極重悪人と呼んでいる。親鸞は極重悪人の範囲を下三品から散善の九品すべてと、さらに定善までも含めて、本願他力に背くすべての自力作善《じりきさぜん》の者と解した。（5）矜哀　あわれみ、いつくしむこと。（6）光明・名号……顕わす　光明は縁（間接原因）、名号は因（直接原因）となり、この因縁和合して衆生往生の果が生ずる。ここにいう名号は称名のこと。親鸞は善導の意をさらに両重因縁釈によって布衍している（本書、一一一頁参照）。（7）本願の大智海　仏智の衆生救済の働きを示したのが本願であり名号である。そうした仏智を海の底深く、かつ果てしなく広いのに譬えて、大智海という。功徳の宝海も同様の表現。（8）行者　念仏の行者。（9）金剛心　金剛石（ダイヤモンド）のごとく、堅固でくだけない信心。親鸞は好んで、この語を使うとともに、みずから金剛不壊《ふえ》の真心・金剛の真心《しんしん》・横超《おうちょう》の金剛心などの語を作り、他力廻向の真実信心の同義語とした。（10）慶喜の一念　一念には、①一刹那、②信心獲得の瞬間、あるいは信心の二心ないすがたである一心、③一声の称名などの意味がある。いまは、一心たる信心のことで、信心には必ず喜悦の心が伴うから、このようにいう。（11）相応して後　本願にかなうのと同時にという意。（12）韋提　『観無量寿経』の主人公である韋提希夫人《いだいけぶにん》の略称で、マガダ国王頻婆娑羅王《びんばしゃらおう》の妃。わが子阿闍世《あじゃせ》太子により幽閉され、牢獄の中で釈尊の教化に浴し、阿弥陀仏の浄土に往生する身となった。（13）三忍　「忍」とは認と同じで、真理を把握し、さとること。悟忍と信忍と喜忍の三つ。韋提希夫人が第七華座観《けざかん》の観法において、阿弥陀仏を見たてまつり、無生法忍《むしょうぼうにん》（不生不滅の道理をさとること）を得たのは、三忍のことであると善導は解釈した。親鸞はさらに深めて、それは信心獲得して正定聚不退転の位についたことであるとした。（14）法性の常楽　法性は真理、真実のこと。さとりの世界は法性であり、常楽我浄《じょうらくがじょう》（常住・安楽・大我・清浄）の四つの特質を具えているという。ここでは、往生即成仏の当益《とうやく》をさとる身たらしめられるの意。

6　源信和尚

源《げん》信《しん》広《こう》開《かい》一《いち》代《だい》教《きょう》
偏《へん》帰《き》安《あん》養《にょう》勧《かん》一《いっ》切《さい》
専《せん》雑《ぞう》執《しゅう》心《しん》判《はん》浅《せん》深《じん》
報《ほう》化《け》二《に》土《ど》正《しょう》弁《べん》立《りゅう》

源信（1）、広《ひろ》く一代の教（2）を開《ひら》きて、
偏《ひとえ》に安養（3）に帰して、一切を勧《すす》む。
専雑の執心（4）、浅深（5）を判じて、
報化二土（6）、正《まさ》しく弁立せり。

極《ごく》重《じゅう》悪《あく》人《にん》唯《ゆい》称《しょう》仏《ぶつ》
我《が》亦《やく》在《ざい》彼《ひ》摂《せっ》取《しゅ》中《ちゅう》
煩《ぼん》悩《のう》障《しょう》眼《げん》雖《すい》不《ふ》見《けん》
大《だい》悲《ひ》無《む》倦《けん》常《じょう》照《しょう》我《が》

「極重の悪人(7)は唯《ただ》、仏を称すべし。
我亦《われまた》かの摂取の中《なか》に在《あ》れども、
煩悩、眼《まなこ》を障《さ》えて見《み》ずと雖《いえど》も、
大悲、倦《ものう》きこと無《な》く、常《つね》に我《われ》を照らしたもう(8)」といえり。

源信和尚《げんしんかしょう》は『往生要集《おうじょうようしゅう》』を著わして、広く釈尊一代の教説を論究した末、すべての人びとが安養浄土《あんにょうじょうど》に生まれることを欣求《ごんぐ》すべきである、と勧められた。

そして、和尚はその書物の中で、専ら称名などの念仏行を修める信心堅固の人と、念仏以外の行を雑《まじ》えて修める信心堅固ならざる人とを区別し、また阿弥陀仏の浄土のうちに報土《ほうど》と化土《けど》の別をたて、信心の深い人は報土に生まれ、信心の浅い人は報土の中の片ほとりにある化土に生まれるということを、はっきり区別してくださった。

和尚は述懐して、『往生要集』の中でこういわれる。

「われわれ極重《ごくじゅう》の悪人《あくにん》は、ただ念仏を称えて浄土に生まれようと願うべきである」といい、「思うに、この源信《げんしん》もかの阿弥陀如来の照らしたもう光明の中におさめとられておりながら、わき起る煩悩のために眼《まなこ》が覆《おお》われて、如来を見たてまつることができないでいる。しかしながら、如来は大悲《だいひ》の心をもって、倦《う》み疲《つか》れることなく、常にわたくしを照らしてくださっている」と。

＊「源信、広く一代の教を開きて」以下「我を照らしたもうといえり」までの八句は、5源信和尚の項。

（1）源信　恵心僧都《えしんそうず》。平安時代の中ごろ、大和国当麻《たいま》郷の生まれ（九四二〜一〇一七）。天台教学のみならず、因明《いんみょう》や「倶舎論《くしゃろん》」などに精通した比叡山の大学者。四十四歳のとき、六道輪廻する穢土を厭離して、阿弥陀仏の極楽浄土を欣求すべきことをすすめて、『往生要集』を著わした。引きつづき念仏実修の文「二十五三昧式」を製作し、人びとをさそって首楞厳院《しゅりょうごんいん》において、毎月十五日の一夜を限り、念仏三昧を修めた。これに参加した結衆二十五人が守る十二カ条の起請には、看病や葬送のことなどが記されており、現代における老後の念仏生活の指針ともなるであろう。（2）一代の教　釈尊が三十五歳で成道してから、八十歳をもって入滅されるまでの一代に説法された教え。一般に八万四千の法門といわれる。（3）安養　前出の安養界の略。（4）専雑の執心　「専」は専修のこと、本願を信じ専ら二心なく称名することをいう。「雑」は雑修のこと、専ら称名しても現世の福利を願って修めたり、あるいは称名以外の行業をまじえるなど、自力のはからいを加えて往生の業を修めることをいう。「執心」は、しっかと心に憶念してたもつことをいう。執着心のことではない。

（5）**浅深**　「浅」は自力の信心の人、「深」は他力の信心の人。

（6）**報化二土**　報土と化土。仏教一般では報身仏の仏国土を報土、応身仏の仏国土を化土というが、ここでは、報土とは本願に報われて完成した阿弥陀仏の極楽浄土をいう。化土は方便の願（第十九、二十願）に基づいて設けられた仏国土。善導の弟子懐感《えかん》の『群疑論《ぐんぎろん》』に基づいて、源信は化土を「報中の化」、報土の中の辺地と位置づけたので、親鸞はこれを高く評価した。およそ、仏智を疑い、自力のはからいのとれぬまま往生した者は、化土（懈慢界《けまんがい》、疑城胎宮《ぎじょうたいぐう》などと呼ばれる）に五百年間止まって阿弥陀仏にまみえることはできないが、やがて本願力によって真実報土に生まれられると説かれている。

（7）**極重の悪人**　下三品の悪凡夫をいう（四〇頁、逆悪の項参照）。この一句は、「極重の悪人は他の方便なし。唯、念仏を称えて、極楽に生まるることを得」（第八、念仏証拠門）の文による。

（8）**我亦……照らしたもう**　この三句は第四、正修念仏門の文による。親鸞は「摂取」の語について「ヒトタヒトリテ　ナカクステヌナリ」、また「摂」について「モノノニクルヲ　オワエトル」と訓を付している。ちなみに「オワエ」（追はへ、下二段）とは、あとを追いつづけるという意。

7　源空上人

本《ほん》師《し》源《げん》空《くう》明《みょう》仏《ぶっ》教《きょう》
憐《れん》愍《みん》善《ぜん》悪《まく》凡《ぼん》夫《ぶ》人《にん》
真《しん》宗《しゅう》教《きょう》証《しょう》興《こう》片《へん》州《しゅう》
選《せん》択《じゃく》本《ほん》願《がん》弘《ぐ》悪《あく》世《せ》
還《げん》来《らい》生《しょう》死《じ》輪《りん》転《でん》家《げ》
決《けっ》以《ち》疑《ぎ》情《じょう》為《い》所《しょ》止《し》
速《そく》入《にゅう》寂《じゃく》静《じょう》無《む》為《い》楽《らく》
必《ひっ》以《ち》信《しん》心《じん》為《い》能《のう》入《にゅう》

本師源空(1)は仏教に明《あきら》かにして(2)、
善悪の凡夫人(3)を憐愍せしむ。
真宗の教証(4)、片州に興《おこ》す(5)。
選択本願(6)、悪世(7)に弘《ひろ》む。
「生死輪転の家《いえ》(8)に還《かえ》来ることは、
決するに疑情(9)を以《もっ》て所止とす。
速《すみや》かに寂静無為の楽《みやこ》(10)に入《い》ることは、
必《かなら》ず信心を以《もっ》て能入とす(11)」といえり。

わが師、源空《げんくう》（法然《ほうねん》）上人《しょうにん》は仏教を究《きわ》め尽して『選択本願念仏集《せんじゃくほんがんねんぶつしゅう》』を著わし、善・悪の凡夫を救う念仏の教えをもって、かれらを導かれた。そして、「浄土真実」を明かす宗要《かなめ》である本願の教えの念仏とその救いを、わが国に伝え興し、阿弥陀如来の選びぬかれた本願の念仏を、五つの濁《にご》りに満ちた悪世に弘めたもうた。

『選《せん》択集《じゃくしゅう》』三心章《さんじんしょう》の中で、信心によるさとりを明らかにして、上人はこのように説かれる。

「われわれが輪廻《りんね》の迷いの生存をくり返して、それを住み家としてきたわけは、仏智《ぶっち》を疑ったためである。このたび、次の世に輪廻《りんね》を断《た》ち、速かに寂静《じゃくじょう》・無為《むい》の極楽浄土に生まれて仏のさとりを開くのは、必ず仏智《ぶっち》の信心が因《たね》となって働くからである」と。

＊「本師源空は仏教に明かにして」以下「信心を以て能入とすといえり」までの八句は、7　源空上人の項。　(1) 本師源空　浄土宗の開祖、法然上人（一一三三〜一二一二）。美作《みまさか》（岡山県）の生まれ。幼時に父と死別、比叡山に上り、智慧第一の法然房と呼ばれるに至ったが、四十三歳の折、善導の『観経疏』を読み、他力念仏の教えによって救われた。五十一歳、山を下り吉水に専修念仏の道場を開き、貴賤を問わず大衆の帰依をうけ、親鸞など多くの弟子を輩出した。七十五歳、念仏停止の命をうけて土佐に流罪。主著の『選択本願念仏集』（『選択集』、浄土宗では「せんちゃくしゅう」と読む）のほか、多くの法語を残す。八十歳で往生する二日前の法語「一枚起請文《いちまいきしょうもん》」は、法然の宗教体験を一紙に要約したものとして有名。　(2) 仏教に明かにして　法然が『選択集』を著わして、余行《よぎょう》を

すてて念仏の一行《いちぎょう》を選びとったということを指す。そのことは、親鸞が師の法然をよきひとと仰ぎ、「ただ念仏して弥陀に助けられまひらすべし」（『歎異抄』）という師の法語を憶持しつづけたことと対応する。親鸞のいう「仏教は念仏である」という趣旨も、すでに法然からうけついだものであることが了解されよう。（3）**善悪の凡夫人**　善導いらい、『観無量寿経』に説く散善の機を上中下の三輩に分け、上輩（上三品、大乗上善の凡夫）と中輩（中三品、小乗の凡夫と世福の凡夫）を善凡夫、下輩（下三品）を悪凡夫と呼ぶ。（4）**真宗の教証**　真宗の語は法照《ほっしょう》禅師が「念仏成仏是レ真宗」「念仏三昧是レ真宗」と述べ、善導が「真宗叵《ガタシ》レ遇《ヒ》」と述べている文に見られる。ここでは親鸞が『教行信証』「教巻」標《ひょう》挙《こ》の文に「大無量寿経浄土真宗真実之教」と掲げているように、「浄土真宗の教行証」を略したことば。そのうち、「浄土真宗」とは宗名のことではなく、浄土真実を明かす宗要《かなめ》の意で、真実は本願念仏を説く浄土の教えによって顕示されるから、浄土真宗という。また「教行証」とは、本願の教えと往生の業因たる念仏と仏果たるさとりの三つをいう。（5）**片州に興す**　善導没後、約五百年を経て、法然が善導の念仏思想をうけついで、わが日本に流布、興隆したことをいう。（6）**選択本願**　選択本願の念仏の略。第十八願に誓われた弘願の念仏のこと。（7）**悪世**　五濁悪世。十七頁、五濁の項参照。（8）**生死輪転の家**　この句以下、「能入とすといえり」までの四句は、『選択集』の三心章に述べる自釈に依っている。親鸞は『尊号真像銘文』にこれらの四句の解釈を載せている。「生死」も「輪転」も、輪廻と同じ。　(9) **疑情**　仏智を疑惑する心。　(10) **寂静無為の楽**　寂静（śānti, santi）も無為（asaṃskṛta, asaṅkhata）も、涅槃（nirvāṇa, nibbāna）の同義語で、さとりの世界をあらわす語。三心章には「涅槃の城」となっている。ここでは、無為涅槃界たる極楽浄土をいう。　(11) **信心……能入とす**　親鸞は「信心は菩提のたねなり。無上涅槃をさとるたねなり」（『尊号真像銘文』）と説明する。

(三) 七高僧を仰ぐ

弘《ぐ》経《きょう》大《だい》士《じ》宗《しゅう》師《し》等《とう》
拯《じょう》済《さい》無《む》辺《へん》極《ごく》濁《じょく》悪《あく》
道《どう》俗《ぞく》時《じ》衆《しゅ》共《ぐ》同《どう》心《しん》
唯《ゆい》可《か》信《しん》斯《し》高《こう》僧《そう》説《せつ》

弘経(1)の大士・宗師(2)等、
無辺の極濁悪(3)を拯済(4)したもう。
道俗(5)時衆(6)、共《とも》に同心(7)に、
唯《ただ》、この高僧の説を信ずべし(8)と。

思うに、これら二人の菩薩《ぼさつ》と五人の祖師《そし》たちは『無量寿経』の本旨を明らかにして、無数の濁悪《じょくあく》きわまりない迷いの人びとを救いたもうた。世の人びとよ、出家・在家を問わず、ともどもに心を同じくして、ひとえに、この七高僧《しちこうそう》の教えを信ずべきである。

＊「弘経の大士・宗師等」以下「高僧の説を信ずべしと」までの四句は、㈢七高僧を仰ぐの項で、七高僧の徳を結ぶ。（1）弘経　ここでは『無量寿経』を弘めるという意。（2）大士・宗師　大士とは龍樹と天親の二菩薩、宗師とは曇鸞・道綽・善導・源信・源空の五祖で、合わせて七高僧。（3）無辺の極濁悪　無辺とは果てしない生死輪廻の迷いの世界をいう。そのような輪廻の生存をくりかえして悪業を作りつづける人を、極濁悪という。（4）拯済　『無量寿経』「序分」の語「拯済無極《じょうさいむごく》」（拯済すること極り無し）によるか。（5）道俗　出家者と在家信者。（6）時衆　「世のすべての人びとよ」と呼びかけることば。善導の『観経疏』「玄義分」の帰三宝偈（十四行偈）の冒頭の句、「道俗時衆等」（道俗、時衆等よ）によるか。（7）共に同心に　『浄土論註』に「同一に念仏して別の道なし」、『浄土論』「願生偈」に「普く諸の衆生と共に、安楽国に往生せん」、帰三宝偈に「同じく菩提心を発して、安楽国に往生せん」とあるから、「同心」とは、だれでも往生浄土の因である真実信心を獲得する身となることを意味している。しかも、つい

で、「この高僧の説を信ずべし」ということからわかるように、七高僧のおすすめが真実信心の獲得にほかならなかったからである。　（8）信ずべし　すでに釈尊の出世本懐と説法を説く2 **釈尊のすすめ**の項において、「まさに如来如実の言を信ずべし」といわれ、いま七高僧の行実をたたえ終って、㈢ **七高僧を仰ぐ**の四句を出し、「唯、この高僧の説を信ずべし」と結んでいる。思うに、これによって依経段における釈迦・弥陀二尊と依釈段の七高僧が、ともに模範と仰ぐ念仏者として仰がれていることが知られるであろう。

Ⅱ　親鸞の世界

一「真実」の世界

(一) はじめに

これから、わたくしが受けとめた「親鸞の世界」を語ろうと思う。もとより、それと親鸞自身の世界とが、まったく一つであるなどと申すのではない。けれども、親鸞の世界はかれ個人のものでありながら、同時に一味の念仏によって貫かれた普遍的世界でもある。

そこで、わたくしは親鸞がみずからとらえた念仏の世界は、『教行信証』「行巻」末の「正信念仏偈」(「正信偈」と略称する) に代表されると考え、「正信偈」において親鸞がたたえる釈迦・弥陀二尊と、そして三国の七高僧の方々のお徳を味わうことによって、親鸞の世界がどのように形成され、いかなる内実で満たされているかを知りたいと思う。

もちろん、これだけでは不充分であろう。親鸞の仰いだ聖徳太子、あるいは親鸞の跡を継ぎ、教団作りによって親鸞の世界を世に弘めた覚如や蓮如、ないしは無名の念仏者たちの行実などもとりあげ、それらの人びとの仏教実践を通して、親鸞の世界の無涯底たる所以《ゆえん》を探る必要があるであろう。

親鸞聖人は和讃や法語に、「あらはす」とか「あらはる」という表現をたくさん使っておられ、『教行信証』六巻の各題目には、「顕真実教」ないしは「顕浄土真実教文類」のごとく、「顕」の字が使われている。

いま、「正信念仏偈」についてみると、「彰」「明」「光闡」が一カ所ずつであるのに、「顕」の字は好んで多く使われている。「顕大聖興世正意《けんだいしょうこうせしょうい》」（大聖興世の正意を顕わし）、「顕示難行陸路苦《けんじなんぎょうろくろく》」（難行の陸路、苦しきことを顕示して）、「依修多羅顕真実《えしゅたらけんしんじつ》」（修多羅に依りて、真実を顕わして）、「報土因果顕誓願《ほうどいんがけんせいがん》」（報土の因果、誓願に顕わす）、「光明《こうみょう》名号顕因縁《みょうごうけんいんねん》」（光明名号、因縁を顕わす）のごとくである。

「顕」の字の用法は、親鸞聖人にとって二通りあるように思われる。「大事の因縁・

悲願の真利を顕わして」（『浄土文類聚鈔』）や、「修多羅に依りて、真実を顕わして」のごとく、仏の世界を顕わしてという使い方。そしてもう一つは、「賢者の信を聞きて愚禿が心を顕わす」のごとく、凡夫の世界を顕わすという使い方である。ただ、凡夫の世界を顕わす場合でも、仏の世界の顕示が凡夫の世界を照らし出して、そのようにいうのであるから、「顕」とは仏の世界の顕現であり、顕真実にほかならない。

しかも、『教行信証』の「教巻」に掲げられている題目「顕浄土真実教文類」のごとく、「教」とは、顕浄土真実の教であり、『無量寿経』がたんに浄土諸経典中の真実教であるとか、あるいは仏教諸経典中の真実教であるというのではなくて、「真実」そのものの世界が、浄土教の精髄たる『無量寿経』に依らなければ顕示されなかったということである。そういう意味で、親鸞は経名に「大」の字を加えて『大無量寿経』と呼び、『大無量寿経』こそが真実の教というのである。

「教巻」の標挙《ひょうこ》の文に、「大無量寿経 真実之教 浄土真宗」とあるのは、『大無量寿経』に明かす浄土教の綱格を抜きにしては、われわれに「真実」の世界は説かれ得ないとされたからである。

明治時代に入って、親鸞聖人は見真大師《けんしんだいし》と諡号された。「真実を見たもうた人」という意味であろう。その主著『教行信証』が「顕真実」をもって一貫し、真実の世界が阿弥陀仏の出現によって、われわれの前に開示されていることを知らしめてくださったおかげで、「真実」の世界は万人に体得され、万人がそれに帰入していく世界となったのである。念仏往生とは、このことをいう。親鸞聖人九十年の生涯は、まさしくこの「真実」の世界に帰入していく道を歩まれ、そしてわれわれに同じ道を歩むことをすすめられた。親鸞の世界とは、「真実」に照らされ、それに帰入していく求道者の生活であるととらえて、筆を進めていきたいと思う。

(二) 本願海と群生海

親鸞の世界とは、善導大師の二河白道《にがびゃくどう》の譬《たと》えによっていえば、釈迦・弥陀二尊の発遣《はっけん》と招喚《しょうかん》を蒙り、水火の難や群賊悪獣の誘惑を斥け、三定死《さんじょうし》の旅人がひたすら白道を歩み、ついに東岸から西岸に辿りつくとあるように、輪廻の衆生界に善巧方便《ぜんぎょうほうべん》して、利他教化の力用《りきゆう》を発揮する仏智を讃仰することを内実とする。このように、生死《しょうじ》の中に涅槃《ねはん》が働き、涅槃は生死のためにあるということは、大乗仏教で迷悟不二、仏凡一体、煩悩即菩提、生死一如《いちにょ》などと表現する。

親鸞には二種の「海」の用法があり、第一の用法は、海を仏の世界に譬える。たとえば、弥陀の本願海、功徳の大宝海、本願一乗海、真実信心海、弥陀の智願海水、大悲の願船などである。第二の用法は、海を衆生の世界に譬える。たとえば、五濁悪時の群生《ぐんじょう》海《かい》、生死の苦海、無明海《むみょうかい》、愛欲の広海などである。

仏の世界を海に譬え、本願海に同一鹹味《どういっかんみ》の徳と不宿死骸《ふしゅくしがい》の徳との二つの特性があることを親鸞はあげている。これは曇鸞が大海の八特性の中の二つをとり出して、『浄土論《じょうどろん》註《ちゅう》』で論じているのに基づく。すなわち、同一鹹味の徳とは、浄土の本性に必然《ひつねん》と不改《ふかい》の二つの意味があるうち、不改を説明して、「海の性の一味《いちみ》にして、衆流入りぬれば必ず一味となりて、海の味、かれに随って改まらざるがごとし」とあるのをいう。いかなる河の水も、一たび大海にそそぎ入ると、同じ塩分の海水と化して、もとの河の水のちがいが解消されるという。また、不宿死骸の徳とは「清浄智海」を解釈する中で、声聞・縁覚の小乗の者たちは自利のみに走り自力雑善《じりきぞうぜん》の死骸に等しいから、仏の智慧海はこれを海中に宿さず岸辺に打ち上げるとして、「海とは仏の一切種智、深広にして涯なく、二乗雑善の中下の死骸を宿さず。これを海のごとしと喩う」と述べている。

右の二つの特性は、仏の本願海が一切衆生を平等に摂取不捨して仏たらしめる働きを発揮するとともに、自力作善《さぜん》に執心して仏意に乗托しない者を本願力の清浄化によって救いとることを示している。かかる大悲利他の仏の世界が海と表現されながら、他方では、われわれ迷いの衆生の世界が同じく海の語で示されているのはなぜであろうか。

親鸞は海のない京の都で生まれ育ち、三十五歳のとき、師法然とともに流罪に処せられ、日本海を臨む越後の国府に赴いた。のちに勅免されたかれは、四十二歳ごろ、妻子を連れて関東に下り、約二十年間、常陸国《ひたちのくに》に住し、六十二、三歳ごろ帰洛した。常陸国に止住する間、親鸞は太平洋の海原を知った。したがって、親鸞が主著『教行信証』の制作にあたって、日本海と太平洋の二つにふれる生活をもったことは、かれの「海」の観念の形成にとって、きわめて重要であったといえよう。

阿弥陀仏の本願は、凡夫のわたくしを目あてにたてられ、わたくしを抜きにして阿弥陀仏の存在理由がないと自覚されるとき、仏の世界とは衆生の世界以外にあるのでなく、仏の働きたもう世界は、ほかならぬわれわれ衆生の世界であると知られるのである。
そうした点で、仏の世界と衆生の世界とが二にして不二であるから、その不二なるところを指して、「海」に譬えたといえよう。

名号不思議の海水は
逆謗《ぎゃくほう》の屍骸《しがい》もとゞまらず
衆悪《しゅあく》の万川《ばんせん》帰しぬれば
功徳《くどく》のうしほに一味なり（曇鸞讃）

尽十方無碍光の
大悲大願の海水に
煩悩の衆流帰しぬれば
智慧のうしほに一味なり（曇鸞讃）

弥陀の智願海水に
他力の信水いりぬれば
真実報土のならひにて

煩悩菩提一味なり（「正像末和讃」）

仏智の名号を海に譬え、名号の働きによって煩悩具足・五逆《ごぎゃく》十悪の者をすべて摂取して、仏智の体得者たらしめることを、「功徳（智慧）のうしほに一味なり」と詠んだのである。そしてまた、「煩悩菩提一味なり」といわれるのは、他力の信心を得た人は、往生即成仏の仏果を開くことができるが、それは浄土の平等の法性《ほっしょう》によって得られるところの煩悩即菩提の一味のさとりであるというのである。

なお、以下、「正信偈」に依りつつ、親鸞の世界をとらえていくが、随所に晩年の円熟した境地をうかがうことのできる和讃を掲げて、もって聖人の仰せの「凡夫が仏になる」世界を味わっていこうと思う。

二「正信念仏偈」とは

㈠「道」の体系としての浄土教

わたくしはかねてから、釈尊いらいの仏教思想を「道」の体系からとらえようと試みてきた。

釈尊の教説には、中道や八正道など「道」と名づけられるものが多い。これまで、仏教は仏道といわれてきたように、さとり（bodhi 菩提）を中国で道と訳して使用し、さとりを求めて歩む人（bodhisattva 菩薩）の実践を菩薩道と呼んできた。これは釈尊によって明らかにされた道の世界を、より一層、万人に会得し易く近づけたものである。

さて、①道は心の清浄を得る道（心清浄道）、真実の自己を実現する道である。

②道は実現すべき目的としての道と、その目的に至る過程としての道との二義を含んでいる。このことは、歩む道程の一歩一歩に、目的としての道が足下に現成《げんじょう》しているから、修《しゅ》は証に支えられ、証の上にさらに修して止むことがない。道元はこれを本証《ほんしょう》妙修《みょうしゅ》とか証上の修、あるいは道無窮《どうむぐう》などの語で表現している。

また、③道に、道・道用《どうゆう》・道義の三が具わっている。道は真理、真実にしてわれわれの思議を超えたものである。しかしながら、道は道用、つまり道みずからの力用をうちに具えている。この道用を知らせることばを道義といい、経論・師釈などがそれである。真実の世界からいえば、道→道用→道義となってわれわれに働きかけ、われわれの側からいえば、道義→道用→道へと辿って真実の世界に帰入していく。

そして、④道は得道者《とくどうしゃ》(道を得た人および道を得つつある人を指す)を通して、道を知ることができる。かつまた、大乗の『涅槃経』の信不具足《しんふぐそく》の文によって知られるように、道ありと信ずるとともに得道者ありと信ずることが、仏道の本質なのである。

左に道の体系から、『無量寿経』などの主な大乗経典をとらえてみよう。

信	道	道	妙法(正法)、真実	摂受ノ正法、真実	空性、真実	真実
		道用	方便(開三顕一)	如来蔵	方便(入不二)	本願
		道義	法華経	勝鬘経	維摩経	無量寿経
	得道者		法華経ノ行者	正法ヲ摂受スル者	在家菩薩	念仏者

さて、仏道はわれわれの道であると同時に諸仏の道である。得道者の面から仏道をみると、つぎのようになろう。

仏道	諸仏の歩んだ道	——	われわれの歩む道（実践）
	諸仏のさとった道	——	われわれのさとる道（真実）
	諸仏の説きすすめる道	——	われわれの説きすすめる道（教説）

(二)　念仏と念仏者

親鸞は諸仏がそれによって仏となった「道」を「真実」ととらえ、真実の力用を阿弥陀仏の本願とし、その本願念仏のいわれを明かす教えを『無量寿経』であるといただいた。

このことは、「仏教は念仏である」という親鸞の仏教観を示すものである。しかも、念仏は念仏者を通して味得されるとしたことは、前述の道と得道者との関係から了解されよう。

『歎異抄』によれば、その第七章の冒頭に「念仏者は無碍《むげ》の一道なり」とある。親鸞は「無碍の一道」を『教行信証』「行巻」他力釈《たりきじゃく》の中で曇鸞《どんらん》（四七六〜五四二）の『浄土論註《じょうどろんちゅう》』を引用して使っているが、これは、『華厳経』の取意である「十方無碍人、一道より生《しょう》死《じ》を出づ」を釈して、「一道とは一無碍道なり云云」と述べる曇鸞のことばに由来する。三世十方の諸仏はこの「一道」によって仏となったが、念仏はまさしくその唯一絶対の「道」にほかならない、というのが親鸞の確信であった。蓮如が『歎異抄』を筆写したとき、「念仏者」の「者」は、「念仏トハ」あるいは「念仏トイフハ」と読むために置かれた字とし、つぎの「は」はその送り仮名と受けとめていたのであり、念仏する人のことではなかったと見るべきである。

第七章のつぎの文、「そのいはれいかんとならば云云」は、信心の行者、すなわち、文字通り念仏者について語るもので、前の文が念仏そのものについて述べるのと対応する。つまり、第七章は念仏と念仏者について述べ、しかも念仏者を通して念仏そのものを信知《しんち》することができるというのである。

さらに、第七章を、親鸞が『教行信証』の中で二カ所にわたって引用された「信不具《しんふぐ》足《そく》」の文に照らして味わうならば、念仏のおいわれがいかほど信知されても、念仏者がお浄土に参って仏となってましますということが信知されていなければ、その人の信心は不完全であるということになる。信心の人とは、「念仏あり」とともに「念仏者あり」の二つがともに信じられているすがたである。親鸞の世界をうかがう鍵の一つがここにあるであろう。

(三)「正信念仏偈」の位置

「正信念仏偈」は、『教行信証』(広文類)「行巻」末に掲げられた六十行・百二十句の詩句である。つまり、「行巻」と「信巻」の間にはさまっているといってよい。親鸞自身、略して「正信偈」とも呼んでいる(『尊号真像銘文』)。また、親鸞の著作に『浄土文類聚鈔』(略文類)があり、それに「西方不可思議尊《さいほうふかしぎそん》 法蔵菩薩因位中《ほうぞうぼさついんにちゅう》」で始まる「念仏正信偈」があって、いまの「正信念仏偈」とよく似ている。

「正信念仏偈」を述作するにあたって、親鸞は釈尊をはじめ七高僧の経論釈に基づき、「仏恩《ぶつとん》の深遠《じんのん》なるを信知して」作ると述べている。

さて、「行巻」は大行《だいぎよう》を明かす。他力廻向の称名を大行といい、ナンマンダブツと名号を称える称名は信心を離れたものではないから、行信不離のものであると説く。つぎの「信巻」は大信《だいしん》を明かす。他力廻向の信心を大信といい、浄土の得証はこの信心を正因とすると説く。一般に「行巻」と「信巻」をこのように見ているから、両巻の間にはさまっている「正信念仏偈」も、その角度で考えられてきている。

たとえば月筌《げつせん》（一六七一～一七二九）の『正信念仏偈勦《そう》説』（真宗叢書四）によれば、「正信念仏偈」を梵語のコンパウンドの解釈法である六合釈《りくがつしやく》によって、①正信の念仏（依主釈《えしゆしやく》、正信による念仏）、②正信即念仏（持業釈《じごつしやく》、正信という念仏）、③正信と念仏（相違釈《そういじやく》）との三釈を挙げ、みずからは「正しく仏〔恩〕を信念する偈」と解している。かれとともに知空《ちくう》門下の若霖《じやくりん》（一六七五～一七三五）は、『正信念仏偈文軌』（真宗叢書四）において、「正信を獲《え》たる者は信に仏号を具し、自然にその心口に続現する。これを正信念仏と名く」（八一頁）と述べているから、「正信による念仏」と解していたことがわかる。また若霖が「念仏正信偈」の題名について述べたところによれば、「念仏正信」を「念仏は正信による」と解していた。

ところで、親鸞の仏教観に立ち戻って、「正信念仏偈」の位置とその題名の意味を考えてみると、つぎのようにいうことができるであろう。

「行巻」で明かす大行、すなわち称名は、大信の人におのずと具わるもので、いわゆる「真実の信心は必ず名号（称名をいう）を具す。名号必ずしも真実の信心を具せざるなり」（「信巻」本）というがごとくである。したがって、親鸞が「信巻」を撰した所以《ゆえん》は、大信の意義を明かそうとしたことはもちろんであるが、「道」の体系としての浄土教は、念仏と念仏者の関係を根幹とするから、親鸞にとって「行巻」において念仏を明かし、ついで「信巻」において念仏者を明かすことが目的であったといえよう。「信巻」末に親鸞が真仏弟子釈、ついで逆謗摂取《ぎやくほうせつしゆ》釈を設けて、難化《なんけ》の三機ですらも利他の信海に帰入せしめられていくことを説いているのは、その証左であろう。

そこで、「行巻」で念仏を説いたから、つぎの「信巻」で真の念仏者となることを説くために、まず模範とすべき念仏者をあげようとした。これが「行巻」末の「正信念仏偈」である。阿弥陀仏も釈尊も、そして三国の七高僧も、すべて親鸞にとって仰ぐべき尊い念仏者たちであった。したがって、わたくしは題名を「念仏を正信する〔人びとをたたえる〕偈」（有財釈《うざいしゃく》）と、解したい。なお、題名考に関して、拙論「正信念仏偈の世界」（『大倉山論集』第二十七輯、平成二年三月）を参照されたい。

㈣ 自利・利他の完成者

「正信偈」の冒頭の二句、「帰命無量寿如来《きみょうむりょうじゅにょらい》　南無不可思議光《なもふかしぎこう》」は、一般に「帰敬偈《ききょうげ》」といわれている。親鸞は「帰命したてまつる」「南無したてまつる」と訓じているが、仏典では阿弥陀仏の光明無量と寿命無量の二つの特性のいずれか一つが、その呼名《よびな》とされているから、親鸞が南無阿弥陀仏を二つの呼名に戻して示されたと解してよいであろう。そうすると、冒頭の二句は南無阿弥陀仏の名号のことであり、念仏者の表明する称名ということになろう。われわれはこの句を誦《とな》えるたびに、南無阿弥陀仏の名号本尊に合掌し、称名念仏している念仏者親鸞のすがたを目に浮かべることであろう。

「法蔵菩薩因位時《ほうぞうぼさついんにじ》」から「難中之難無過斯《なんちゅうしなんむかし》」までの四十二句は『無量寿経』によって

弥陀・釈迦二尊のこころをたたえている。

そのうち、まず阿弥陀仏については、法蔵因位《ほうぞういんに》の本願とその修行の完成によって仏となった自利の面を、ついで利他の面として、衆生往生の業因《ごういん》たる大行（称名）と菩提の正因たる大信によって、現生《げんしょう》において正定聚不退転《しょうじょうじゅふたいてん》を、彼土において成仏の果を得しめることを説いている。すなわち、阿弥陀仏は自利・利他の完成者であることを明かしているのである。このことは、仏が自覚・覚他、覚行窮満《かくぎょうぐうまん》の人格完成者であり、しかも利他がそのまま自利となって働く得道者であるという性格をはっきりと示すものである。

仏とは何か。われわれはここで仏を定義して、自利・利他の完成者であると述べたが、なぜ仏教は釈尊のほかに多数の過去仏や、あるいは弥勒《みろく》などの未来仏をたてるのであろうか。とりわけ、大乗仏典が釈尊の出世本懐《しゅっせほんがい》の経として説かれているのは、どういう意味なのであろうか。また、釈尊と阿弥陀仏との関係はどうなのか。こうした種々の疑問は、これまで学問的に充分、解決されてきたとはいい難いであろう。この点については、今後、ますます明らかにされていくべきことがらであると思う。

さし当って、親鸞はこれらの点を、どのように考えていたのであろうか。

三　仏智に生きる

㈠　人生の目的

釈尊の仏陀観を知るまえに、その人間観をとらえることが必要であろう。『ダンマパダ』(『法句経』)の第一八二偈は、釈尊の人間観を端的に示して余すところがない。すなわち、「人の生をうけること難《かた》く、死すべき者(人間)の寿命を保つこと難し。正法《しょうぼう》(正しい真理の教え)を聞くこと難く、めざめた人たち(諸仏)の出現は難し」と。

この詩句のこころは、われわれが人間としてこの世に生をうけること自体、自由意志でなったのではなく、これまで輪廻《りんね》して積んできた罪業の報いによるものであるから、思うままにならない点で、生をうけること難しというのである。そして、せっかく、人間に生まれても、与えられた寿命を全うすることはきわめて難《むずか》しい。かくて、生まれ難《がた》い人間に生まれ、保ち難い寿命を保ちながら、正法（saddharma, saddhamma）を聞くということが、いかに難しいことであるか、正法を聞くことが難しいから、したがって正法をさとって仏となる人びとの出現が、これまたいかに難しいかはいうまでもない、という趣旨である。

要するに、人間に生まれた目的は正法を聞き、正法を聞くことによって仏になるということである。「仏になる」ということは、本来の自己、真実の自己になるということである。ことばをかえていえば、無明《むみょう》の存在であるわたくしが、真実の世界に生きる者となることを指して、「仏になる」というのである。それ故に、人間が真の人間、あるべき本来の自己になることを説くのが仏教であるといえよう。宇宙を創造した唯一絶対の神を信仰する宗教と比べて、仏教は根本的にちがっている。あえていえば、人類の数だけ仏の出現を語るのが仏教であって、やがて諸仏の一員に加えられるのがこのわたくしである、といってよいであろう。

㈡　正法に住する仏たち

釈尊は「仏」を定義して、「正法に住する人」と説いて、こういわれる。

およそ過去の正覚者たち、未来の覚者たち、および今日の正覚者（釈尊）にして、多くの人の憂いを滅ぼす人びとは、すべて正法を尊重して、かつて住し、今住し、未来住するであろう。これは覚者たちの定法《さだめ》である。

それ故に、人は利益《りやく》を欲し、大〔果〕を望むならば覚者たちの教えを憶念しつつ、正法を尊重すべきである（『相応部経典』一、『増支部経典』二）。

ここでは、三世十方のあらゆる仏たちが、それによって仏となっていったところの「正法」（梵語 saddharma、パーリ語 saddhmma）を、釈尊も同様にさとって仏となり、そして「正法」を八万四千の法門として説かれたということが語られている。

「正信偈」の依経段のうち、「釈尊のすすめ」二十四句の冒頭に、「如来所以興出世《にょらいしょいこうしゅつせ》　唯《ゆい》説弥陀本願海《せつみだほんがんかい》」とある。釈尊が出世本懐を説く場合、説法に先立って、必ず禅定三昧《ぜんじょうざんまい》に入り、諸仏の住する正法の世界を憶念する。これを「仏々相念《ぶつぶつそうねん》」（仏と仏と相い念じたもう）と表現している。やがて正法住の世界から立ち上って、その正法を説法する。『無量寿経』の場合、釈尊は「正法は弥陀の法門である」と顕示したもうた。これが出世本懐であった。つまり、「仏教は念仏である」ということが『無量寿経』に明かす釈尊の出世本懐なのである。

ところで、親鸞は右の「正信偈」の句に注釈を施し、「如来所《にょらいしょ》以《い》興出世《こうしゅっせ》」の「如来」について、「如来とまふすは諸仏とまふす也」（『尊号真像銘文』、『一念多念証文』）と説明し、如来を複数形にとっている。また他方、『教行信証』「教巻」の自釈に「釈迦、世に出興して道教を光闡《こうせん》し、群萌《ぐんもう》を拯《すく》い恵むに真実の利をもってせんと欲す」といい、如来を単数形にとり、しかも釈尊のこととする。つまり、親鸞において出世本懐段の如来は、釈尊でもよいし諸仏でもよいということになる。諸仏という場合、釈尊も阿弥陀仏もその中に入っているし、また釈尊一仏を挙げた場合でも、釈尊が三世十方の諸仏を代表して出現しているとみてよいであろう。親鸞が唐訳の『如来会《にょらいえ》』に「一切如来《いっさいにょらい》・応《おう》・正等《しょうとう》覚《がく》」とあるのに注目したにせよ、梵本に「等正覚者たち」と複数形になっているのを知っていなかったのは当然である以上、諸仏の出世本懐が弥陀の本願海を説くものであったという親鸞の把握は、まことに素晴らしい。

㈢　自利・利他の完成者を目指して

法蔵菩薩が師の世自在王仏《せじざいおうぶつ》に向って、師徳をたたえて、自身の願いを表明したのが「讃仏偈《さんぶつげ》」（「歎仏偈《たんぶつげ》」）で、これにつづいて四十八願が立てられる。その四十八願を要約して誓っているのが、つぎの「重誓偈《じゅうせいげ》」（「三誓偈」）である。「讃仏偈」が一般仏教でいう総願たる四弘誓願《しぐぜいがん》に当るものとすれば、四十八願は法蔵菩薩の別願といえよう。

それらはいずれも法蔵菩薩が自利と利他の完成者たらんとする願いの表明である。たとえば、「讃仏偈」について、これを三段に分けると、このようになる。

- Ⅰ　世自在王仏をたたえる（光顔巍巍……震動大千）
- Ⅱ　法蔵菩薩の願いを述べる
  - （自利）上求菩提　六度を具足しよう（願我作仏……堅正不却）
  - （利他）下化衆生
    - 仏身の光明あまねきこと（譬如恒沙……威神難量）
    - 仏土と聖衆のすぐれていること（令我作仏……而無等雙）
    - 一切衆生を摂取すること（我当哀愍……快楽安穏）
- Ⅲ　諸仏の証明を請う（幸仏信明……忍終不悔）

思うに、浄土に生まれて弥陀同体のさとりを開かせていただくということは、実は自利利他の完成者となることであって、往相廻向《おうそうえこう》はただちに還相廻向《げんそうえこう》をあらわして、多くの人びとを救う利他行となって展開する。往生浄土の自利は、そのまま衆生救済の利他行となる。それ故に、自利利他の完成者となるという法蔵菩薩の「讃仏偈」あるいは「重誓偈」は、これを読誦することを通して、われわれ凡夫がやがて自利利他の完成者として、衆生救済の仏行に従事させていただきますという誓いの表明をすることになるのである。

仏は正法をさとり、正法を尊重して住する者であるが、その正法とは自利利他を完成させる真理にほかならない。自利利他の完成者を指して正法に住する仏と名づけるが、仏の自利がそのまま利他の働きをあらわすから、利他なくして仏の自利はないということになる。われわれ凡夫の世界において、自利と利他が二元対立のものとしてあるのとは、雲泥の相違である。それで、曇鸞《どんらん》は利他とは仏行《ぶつぎょう》のことで、われわれ凡夫の側でこの語を使おうとするならば、他利《たり》というべきだと論じている。親鸞もこの見解に従っている。

仏滅後五百年、南インドに生まれた龍樹《りゆうじゆ》（一五〇～二五〇）は中観《ちゆうがん》派の祖であり、八宗の祖師と仰がれたが、「正信偈」には釈尊の予言のかたちで、かれの功績が述べられている。

「龍樹大士、世に出でて、悉く能く有無《うむ》の見《けん》を摧破《ざいは》せん。大乗無上の法を宣説し、歓《かん》喜地《ぎじ》を証して安楽に生ぜん」と。

八不中道《はつぷちゆうどう》の空観《くうがん》によって仏教に新生命を吹き込み、釈尊の正法を無所得空《むしよとくくう》の道理に照らしてとらえた龍樹は、大乗菩薩道の実践として、信方便《しんほうべん》の易行《いぎよう》たる称名念仏を修した。龍樹の理論面における功績「悉く能く有無の見を摧破」することと、実践面における功績「歓喜地を証して安楽に生ぜ」しめることとは、別異のものではない。龍樹にとって、初地《しよじ》不退《ふたい》と彼土往生の現当二世《げんとうにせ》の益を与える本願念仏の法門こそ、自利利他の完成を目指す大乗菩薩道にほかならず、念仏は有無の見を摧破する空観の力用をあらわすものであった。

念仏は法蔵菩薩の本願とその修行によって完成され、われわれ衆生に廻向された往生の行業である。それは自利利他の願行《がんぎよう》円備せる完成態であり、仏心の具現態である。慈悲と智慧のかたまりであり、対立を超越せしめる無分別智《むふんべっち》の働きをもつ。故に念仏は智慧の念仏で、仏智にほかならない。龍樹は仏智の世界を、阿弥陀仏の本願念仏として、われわれに領受しうるかたちで示されたのである。

(四) 仏心と相応せん

善導《ぜんどう》（六一三〜六八一）の「玄義分《げんぎぶん》」の冒頭に掲げる「帰三宝偈《きさんぼうげ》」に、「与仏心相応」（仏心と相応せん）ということばがある。これは善導が『観無量寿経』を注釈するにあたって、阿弥陀仏のこころにかなうていく決意を表明したものである。すでに天親《てんじん》（四〇〇〜四八〇）は『浄土論』「帰敬偈」の中に、「与仏教相応」（仏教と相応せん）と記し、『無量寿経』の本旨を明らかにするにあたって、仏教にかなうていこうと述べている。

「相応」とは曇鸞も「函蓋相応《かんがいそうおう》」と説明しているように、箱の身とふたがあいかない、ピタッと合わさっている状態をいう。ちなみに、原語の一つ saṃyoga は結合、関係の意味がある。『歎異抄』にも唯円は「本願に相応して実報土《じっぽうど》に往生するなり」（第十一章）と記しており、同じく親鸞の言葉として「自然《じねん》のことはりにあひかなはゞ、仏恩《ぶっとん》をもしり、また師の恩をもしるべきなり」を載せている。

ところで、『観無量寿経』の第五真身観《しんしんかん》では、阿弥陀仏を憶念すると、十方諸仏を見たてまつるから、これを念仏三昧と名づけ、また観一切仏身と名づけるとある。ついで、仏身を観るから仏心を見る、仏心とは大慈悲であると説いている。

そうすると、念仏は阿弥陀仏の仏心のみに限られるものではなく、三世十方の諸仏の心をわが心とすることになる。仏心と相応する生活、これが念仏生活である。自利利他の完成を目指して歩む日暮らし、これが往生浄土への歩みにほかならない。

われわれは、自我の執《とら》われ（我執《がしゅう》）である〝われ〟とか〝わがもの〟という物指しを使って、有無《うむ》の見《けん》に堕している。この物指しをわたくしは我尺《がしゃく》と名づけたい。龍樹は念仏の物指し、すなわち仏尺《ぶっしゃく》を用いよと、おすすめくださっている。我尺は人によって目盛りがみな異なるが、仏尺はだれが使っても同じ目盛りである。

蓮如上人（一四一五～一四九九）も、何事もお念仏に照らして考え行動すべきであるといわれ、われわれの生活がそのまま念仏生活であるべきだと、さとしたもうた。すなわち、こういわれる（『蓮如上人御一代記聞書』九六）。

蓮如上人仰せられ候。当流には、総体《そうたい》、世間機《き》わろし。仏法のうへより何事もあひはたらくべきことなる由、仰せられ候と云云。

四　信心によるさとり

(一)　大乗菩薩道と浄土教

八宗の祖師であり、空《くう》思想を説く中観派《ちゅうがんは》の祖である龍樹《りゅうじゅ》も、また唯識《ゆいしき》思想を説く瑜伽《ゆが》行《ぎょう》派の大成者天親《てんじん》（世親《せしん》）も、大乗菩薩道の実践は阿弥陀仏の念仏信仰に極まるとし、「仏教は念仏である」という把握を打ち出された。

自利利他の完成を目指して歩む菩薩すなわち求道者たちは、仏果のさとりを得べく不惜身命の修行に精励するが、そのような大乗菩薩道は「難行」そのものであるということを、龍樹は『十住毘婆沙論《じゅうじゅうびばしゃろん》』「易行品《いぎょうほん》」に説いている。とりわけ、菩薩にとって重要なことは、いかにして正定聚《しょうじょうじゅ》不退転の位を得るかであって、この不退転の位に達すれば、あとは仏果に達することが保証されるから、不退転の位の獲得は、文字通り「難行」にほかならない。かかる難行としての不退転位の獲得は、あたかも陸路の歩行に依らずに水路の乗船に依るごとく、人びとは「信方便《しんほうべん》の易行《いぎょう》」たる「易行道」に依るべきである、と龍樹はすすめている。

しかしながら、これをうけた中国の曇鸞は、「難行道」と「易行道」と二道並列の表現をとったために、後世、龍樹は難易二道の教判をたてた人とされ、仏教を二つに分けて自力で実践するのが難行道であり、自力で修行できない者は他力の易行道を選ぶという理解が生まれた。これは誤りである。「難行」たる正定聚不退転の獲得は、大乗菩薩道の完成を保証するものであり、その獲得には易行道しかないというのである。曇鸞は『浄土論註《じょうどろんちゅう》』において、龍樹の易行道＝信方便の易行(信を方便とする易行)を、信仏の因縁(信仏を因縁とする易行)と呼び、そしてまた、それは他力の持・仏力住持・仏願力に乗托することであると表現している。大乗菩薩道は阿弥陀仏の adhiṣṭhāna(加持・住持・願力などと訳す)を蒙る以外にないという、菩薩道の本質が顕示されたことは、浄土教が大乗仏教の一部であるという誤解を払拭するものである。

親鸞が龍樹を初めとする七高僧を浄土教の系譜に定めたのも、「仏教は念仏である」という把握に基づくと同時に、大乗菩薩道の実践は、往生浄土の教えに極まるという龍樹や天親の諸論師の説をうけついだからである。

㈡　現生における正定聚不退転

このように、求道者にとって最も重要な正定聚不退転の位は、実は初期仏教いらい仏道修行の関門であり、初級のさとりを表わすことばとして使われてきた。

初級のさとりを得た人を預流向《よるこう》（sotāpanna）といい、有部《うぶ》では見道《けんどう》の人に相当する。また悪趣に堕《お》ちないから、不堕法《ふだほう》（avinipāta-dhamma）といい、あるいは聖者位から退転せず阿羅漢のさとりに至ることが決定しているから、正性決定《しょうしょうけつじょう》（sammattaniyata）といい、かかる人びとを正定聚（sammattaniyatarāsi）という。

正定聚の初級のさとりを得るのに、二種の方法があり、一つは苦集滅道の四聖諦《ししょうたい》を観察して理論的にさとるところの随法行《ずいほうぎょう》であり、もう一つは四不壊浄《しふえじょう》（仏法僧の三宝と釈尊の定めたもう聖戒の四つにたいして、金剛不壊の浄信を確立する）の信心によってさとるところの随信行《ずいしんぎょう》である。主として在家信者にたいして説かれた随信行を回復したのが大乗仏教であったから、龍樹が出家・在家を通じて、阿毘跋致《あびばっち》（avinivartanīya、不退転）すなわち正定聚の位は信方便の易行によるとしたことは、釈尊の随信行の流れにそうものであったといいえよう。

さて、浄土三部経のうちで、『無量寿経』の第十一願成就文に明かす正定聚は、梵本も同様、彼土における正定聚である。また第十八願成就文のものは、現生における正定聚不退転である。『阿弥陀経』では、まず浄土に往生した者に不退転の者と一生補処《いっしょうふしょ》の者とがいるという記述の箇所は、彼土の正定聚不退転を説くが、六方段《ろっぽうだん》が終って信心を勧める箇所では、現生における不退転が示されている。したがって、経典には彼土不退と現生不退の二種が並説されていることがわかる。

彼土と現生の二種の正定聚不退転のうち、なぜ親鸞は龍樹と同様に、現生における正定聚を採用されたのであろうか。

おそらく、釈尊の説くさとりが現生であったから、現生のさとりが困難視されて彼土往生の浄土教が行われるや、成仏は彼土において得るのがたてまえである以上、成仏の保証をなす正定聚不退転は彼土から現生へと移るのは自然ではないだろうか。親鸞は、こうして正定聚不退転は信心の得益《とくやく》として現生のものとしたが、その根底には釈尊いらいのさとりの系譜にあいかなうものがあったといえよう。このことは、親鸞が「さとり」とは何であるか、「仏」とは何であるか、ということを往生浄土の教説のなかで、問い直した結果でもあった。

㈢ 現益と当益

親鸞における正定聚不退転は、かれの独創的発揮のように思われようが、決してそうではない。しかしながら、かれが浄土教を仏教の上にのせて明らかにしようとしたこと、すなわち大乗菩薩道は往生浄土の浄土教に極まるととらえた結果が、かれの己証《こしょう》たる現生正定聚となったのである。

信心を因として彼土における往生即成仏の果を得るのを当益《とうやく》といい、信心の得益として現生に得る利益を現益《げんやく》という。現益の核をなすものは、仏果を保証する正定聚不退転である。仏果と正定聚を、親鸞はそれぞれ当益と現益とし、現益は必然的に当益をもたらすものとしたから、かかる現益をうむ信心獲得《ぎゃくとく》を念仏の本義としたのも、当然であった。

いま「正信偈」についてみると、親鸞はつねに現益と当益を離さずに、一具のものとして打ち出している。従来の浄土教諸師には見られない特色といえよう。

①「成等覚証大涅槃」（等覚を成り〔現益〕、大涅槃を証することは〔当益〕）

②「惑染凡夫信心発　証知生死即涅槃　必至無量光明土　諸有衆生皆普化」（惑染の凡夫、信心発すれば、生死即涅槃なりと証知せしむ〔現益〕。必ず無量光明土に至れば、諸有の衆生、皆、普く化すといえり〔当益〕）

③「一生造悪値弘誓　至安養界証妙果」（一生、悪を造れども、弘誓に値《もうあ》いぬれば〔現益〕、安養界に至りて、妙果を証せしむといえり〔当益〕）

④「開入本願大智海　行者正受金剛心　慶喜一念相応後　与韋提等獲三忍　即証法性之常楽」（本願の大智海に開入すれば、行者、正しく金剛心を受けしめ、慶喜の一念相応して後《のち》、韋提《いだい》と等しく三忍《さんにん》を獲《え》〔現益〕、即ち法性《ほっしょう》の常楽《じょうらく》を証せしむといえり〔当益〕）

⑤「帰入功徳大宝海　必獲入大会衆数　得至蓮華蔵世界　即証真如法性身　遊煩悩林

現神通　入生死薗示応化（功徳大宝海に帰入すれば、必ず大会衆《だいえしゅ》の数に入ることを獲《え》（現益）。蓮華蔵世界に至ることを得れば、即ち真如法性の身を証せしむと。煩悩の林に遊んで神通を現じ、生死の薗《その》に入りて応化《おうげ》を示すといえり（当益））などの句があげられる。

⑤の文は天親をたたえる箇所に出すもので、『浄土論』の五功徳門《ごくどくもん》の文に依って述べている。因の五念門にたいして浄土で得る果の五功徳門とは、近門《ごんもん》・大会衆門《だいえしゅもん》・宅門《たくもん》・屋門《おくもん》・園林遊戯地門《おんりんゆげじもん》であるが、親鸞は近門を正定聚の位、大会衆門を此土にいながら浄土の聖聚の仲間入りの位（正定聚と同じ）と解して、これらを現益とし、宅門・屋門・園林遊戯地門を当益と解している。ちなみに、五功徳門の前四は「入《にゅう》の自利」、第五の園林遊戯地門は「出《しゅっ》の利他」であって、往相《おうそう》と還相《げんそう》に当る。

(四)　浄土の戸籍入り

親鸞が正定聚不退転を現生において得るものとしたから、五功徳門のうち、正定聚の位をさす近門と大会衆門を彼土から現生のものとしたことは、当然である。

先般、畏友栗山魏堂《ぎどう》師より村田静照《じょうしょう》和上（一八三五～一九三二）ならびに高弟の一人、高松凌雲《りょううん》師のお話を聞く機会を得た。七里恒順《しちりごうじゅん》師に師事し、高田派のありがたい念仏者として全国に高名であった村田和上は、朝比奈宗源《そうげん》師などの禅僧からも慕われていた。

ところで、弟子の高松師が昭和六十二年五月十日、三重県の自坊井福寺で往生なされたが、さすが村田和上の教えをうけたお方だけに、その臨終は見事であったという。暁方、坊守さん（奥さま）に向って、こう洩らした。

〝今日《きょう》ばかり思う心を忘るなよ　さなきはいとど望み多きに〟　だれの歌かな。

〝超世《ちょうせ》の悲願ききしより　我等は生死《しょうじ》の凡夫かは〟

「かは」とひっくり返っているのだ。

〝有漏《うろ》の穢身《えしん》はかはらねど　心は浄土に遊ぶなり〟

「心」というのは、戸籍のことだと村田和上はおっしゃった。南無阿弥陀仏、南無阿弥仏。

長い間、世話になったなあ。ありがとう。

礼を述べて、手洗いに立って、しばらくすると「バターン」という大きな音。かけつけた坊守さんは、臨終の様子を、「ナアーという高声念仏一声、それがこの世の終りでした。お浄土のみほとけにお目にかかり、ありがとうございますの御挨拶であったようでございます」と語っておられた。

高松和上がつねひごろ、村田和上から聞かせてもらった〝今日ばかり〟の短歌は、覚如上人の御歌で、『蓮如上人御一代記聞書』（六八）に載っているが、今日だけの寿命ととり切る心持ちを忘れてはならぬ。そうでないと、いつまでも生きられると思うから、ますます欲望がつのるというのである。ついで、帖外和讃《じょうがいわさん》の〝有漏の穢身〟を口ずさみ、「ひっくり返っている」といわれたのは、「か」と疑問を投げかけ、実はそうではないの意。超世のご本願を聞き信心よろこぶ身となった以上、いつまでも生死流転の凡夫であろうか、そうではなく、煩悩具足の身ではあるが、大会衆門すなわち浄土の聖衆の仲間入りをさせていただいているのである。

この「心は浄土に遊ぶなり」という親鸞の正定聚の世界を、村田和上は、「お浄土の戸籍に入られた位」と現代風に表現された。曇鸞の「不退の風航《ふうこう》」（仏果に向う満帆の大船）の語と合わせて、まことに味わい深いものがある。

五　一心一向の往生道

㈠　曇鸞の影響

曇鸞《どんらん》の浄土教理解は、親鸞の思想形成に多大の影響を与えたということができよう。現在、曇鸞の主著『浄土論註』に訓点を付して読んだ親鸞の加点本が残されている。また、『教行信証』に親鸞が『浄土論註《じょうどろんちゅう》』の文を二十四箇所にわたって引いているが、親鸞独自の読みが示されていて、そこに曇鸞を仰ぎつつ曇鸞を超えんとするものが見られる。その一つは、浄土に往生しようとする菩薩（求道者）はだれでも、礼拝など五種の実践行（五念門《ごねんもん》）を修めねばならないのに、親鸞は「五種の実践行はすでに法蔵菩薩がわれわれに代って修せられたもの」と解し、菩薩とは法蔵菩薩のことであるとした。

法蔵菩薩はわれわれを含め浄土を願生する人たちの先達であるから、『浄土論註』の中で、法蔵菩薩であると解した箇所の「菩薩」には、「何々したもう」「みそなわす」といったように、親鸞は敬語を付して読んでいる。

曇鸞は四論宗《しろんしゅう》の祖で、インド中観《ちゅうがん》派の祖龍樹《りゅうじゅ》の「空《くう》」の思想を継承する。ところで、曇鸞の著わした『浄土論註』は、インドの瑜伽行唯識《ゆがぎょうゆいしき》派の大成者天親《てんじん》の著『浄土論』にたいする注釈書である。天親は龍樹《りゅうじゅ》の「空」をうけながら「有《う》」の思想に立脚しているから、曇鸞の『浄土論註』は「有」の立場で浄土をとらえた『浄土論』を、「空」の立場から評価しようとしていることがわかる。

親鸞がそうした曇鸞の立場を明確にとらえていたからこそ、たんに穢土《えど》を厭い浄土を欣求《ごんぐ》するといった来世主義の浄土観を回復することができたといえよう。

親鸞は阿弥陀仏にせよ、その建立したもうた浄土にせよ、それは「真実」のもつ力用《りきゆう》(方便)であると解した。真如法性《しんにょほっしょう》のさとりの世界を、親鸞は好んで「真実」の語で表現した。「真実」は真実たらしめる働きをみずから具えており、それを「方便」というが、「方便」は無色無形の「真実」とちがって、てだて・方法の具体的な働きである。

一如《いちによ》・法性《ほつしよう》を「いろもなし、かたちもましまさず」（『唯信鈔文意』）と説きながら、

この一如宝海よりかたちをあらわして、法蔵菩薩となのりたまひて、無碍《むげ》のちかひをおこしたまふをたねとして、阿弥陀仏となりたまふがゆへに、報身《ほうじん》如来とまふすなり……この如来を方便法身《ほうべんほつしん》とはまふすなり。方便とまふすは、かたちをあらわし御《み》なをしめして、衆生にしらしめたまふをまふすなり。すなわち阿弥陀仏なり

（『一念多念証文』）。

と親鸞はいう。また、浄土を種々の荘厳《しようごん》でしつらえられているとしながら、他方、空・無相の涅槃界《ねはんがい》であると説いているように、どちらかといえば、親鸞の努力は有相《うそう》の浄土の陥るあやまちを、無相の浄土によって正そうとしているようである。

思うに、浄土は無相にして有相、有相にして無相なのであって、有相と無相のいずれにも偏すべきではなかろう。

㈡　氷上燃火の喩え

浄土に往生するといえば、人はだれでも、往生する主体は何か、また生まれるとはど

ういうあり方なのかと問うであろう。曇鸞は無我説や縁起説の上に立って、「生」とは実体をもって生まれる「実生《じつしょう》」ではなく、因縁によって生まれる因縁生《いんねんしょう》のもので、仮に「生」と名づけたにすぎない。しかも因縁生としての往生は、非連続の連続、つまり穢《え》土《ど》の仮名人《けみょうにん》と浄土に生まれた者との関係が同一でもなく（不一《ふいつ》）、異なっているものでもない（不異《ふい》）と説く。

そして、浄土の生まれは不生不滅《ふしょうふめつ》の道理をさとることである（生即無生《しょうそくむしょう》）として、これを氷上燃火《ひょうじょうねんか》を喩えにして説明する。浄土はさとりの世界で、不生不滅、すなわち「無生」の世界であるが、他方、われわれの輪廻の世界は生滅相対の「生」の世界である。浄土に生まれるといっても、「無生《むしょう》」の「生《しょう》」をいうのであって、浄土に生滅を見る「生」のことではない。これを曇鸞は氷の上に薪を積み、点火して薪がもえ上がると同時に氷がとけ、氷がとけることによって、火もまた消えるという喩えで説明する。

薪の火がもえるということは、われわれ凡情の抱く「実生」ありと見る思いである。かりにこうした「見生《けんしょう》」の思いをもって浄土に生まれたとしても、浄土の土徳《どとく》たる無生のさとりの働き、すなわち本願力によって転成《てんじょう》せしめられて、「見生」の火が消滅するというのである。

このように往生浄土とは、輪廻における再生としての「生」ではなく、仏のさとりを開く「生」である。

㊂　他力というは如来の本願力なり

親鸞が『教行信証』「行巻」に「他力」を定義して、「他力というは如来の本願力なり」と明言した背景には、曇鸞の『浄土論註』に負うところ大であるといえよう。

とりわけ『浄土論註』の末の第十利行《りぎょう》満足章において、どうして往生浄土が、われわれにとってすみやかに仏のさとりを開く道なのかと問い、それを明かすに以下、覈求其《かくぐご》本釈《ほんじゃく》の一段を設けて、三願的証《さんがんてきしょう》（第十八・十一・二十二の三願を的《ただ》しくあげて証拠とする）して阿弥陀仏を増上縁《ぞうじょうえん》とする他力のいわれを説いている。

およそ、五念門を修して浄土に往生するということは、自利と利他の完成者たる仏となることであり、そのためには阿弥陀仏の本願力＝他力の手強い働きを必要とする。

曇鸞が『浄土論註』を著わした本心は、おそらく「他力」のいわれを顕揚するにあったといえよう。それ故、この書の末尾に、各自のはからいをまじえてはならぬと力説して、こういう。

愚《おろか》なるかな。後の学者、他力の乗ずべきを聞かば、まさに信心を生ずべし。自ら局《きょく》分《ぶん》すること勿《なか》れ。

親鸞はさきにあげた他力釈の助顕《じょけん》として、元照《がんじょう》律師（一〇四八～一一一六）の『観経《かんぎょう》疏《しょ》』の文を引いている。

あるいは此の方にして、惑《わく》を破し真《しん》を証すれば、すなわち自力を運ぶが故に、大小の諸経に談ず。あるいは他方に往いて、法を聞き道を悟るは、すべからく他力をたのむべきが故に、往生浄土を説く。彼此《ひし》異なりといえども、方便に非ざることなし。自心を悟らしめんとなり。

聖道・浄土、自力・他力と二門に分けて仏教を説いているけれども、実はいずれも「令悟自心《りょうごじしん》」（自心を悟らしむ）にあると元照律師は説く。そのこころは、末代の凡夫にとって、真実の力用たる本願のみ教えこそ、時機相応《じきそうおう》のものである、ということをいわんとしているのである。

㈣　畢竟依の浄土

『観無量寿経』の第八像想観《ぞうそうかん》の文に、「是心作仏《ぜしんさぶつ》　是心是仏《ぜしんぜぶつ》」がある。親鸞は『教行信証』「信巻」末に、真実信心を仏教一般にいう菩提心のことであると明かす箇所に、曇鸞の『浄土論註』と善導《ぜんどう》の『観経疏』「定善義」から、それぞれ右の経文の解釈を引用している。

親鸞の理解した「是心作仏」（是の心、作仏す）とは、凡夫が仏になるというのは、深広にして涯底なき仏智が凡夫の心中に到りとどいて、遍満することによる、すなわち他力廻向の信心を領受する身となったときに約束されるという意味であった。このことは、曇鸞の「火は木から生じて木を焼き、木が焼かれて火となる」ように、凡夫の心と仏心との不離なることを説くことば、さらにまた善導の「自己の信心に基づいて、心中に阿弥陀仏の相好《そうごう》を観察して、相好の現われることが、あたかも作るようであるから作仏というのである」と説いて、仏智が凡夫の心中に入りきたって働くことを述べることばに立脚していることはいうまでもない。

そもそも、天親の『浄土論』は、浄土を仏国土荘厳《しょうごん》十七種・仏荘厳八種・菩薩荘厳四種、合わせて三厳《さんごん》二十九種荘厳の有相《うそう》の面から説く。これを註解する曇鸞は、無相のさとりが力用を現わして有相の浄土となり、有相の浄土なくして凡夫の仏となる道のないことを明かしている。

ところで、曇鸞、道綽《どうしゃく》（五六二～六四五）、ついで善導に至ると、善導が西方浄土のしつらいを「指方立相《しほうりつそう》」（方角を指し相を立てる）と呼んで以来、そのようなしつらいで飾られた浄土は、観念上のもので実在しないという考えが生まれた。はたして善導は、観念の浄土を説いたのであろうか。まったく「否」というべきである。

善導は曇鸞のこころをうけつぎ、当時の聖道門家たちがいう「唯心《ゆいしん》の弥陀、己心《こしん》の浄土」のごとく、唯識の法身観《ほっしんかん》や自性清浄の仏性観など無念無想によってあらわし出す浄土と考えるのは誤りであるとなし、『観無量寿経』の観法が「指方立相」して浄土を観察させることを説くのも、実は「末代罪濁の凡夫」の根機《こんき》にかなうものだからであるという。

先年、わたくしが師父と仰ぐ鎌倉大仏殿の佐藤密雄博士の一文、「迷いを払う」（「在家仏教」昭和六十年三月号）を読み、感動したことがある。博士は、こういわれる。

指方立相の浄土こそ信ずる者の浄土である。指方立相とは、阿弥陀仏の御出の方角と場所を示されたことであるとする以上には、信ずる者に必要のないことである。ただ往生すべきところとしての西方浄土である。形而上の論議は、日常生活に必要ないこと、信仰に関係のないことであろう。

私は、昨年末に老妻の一周忌を修した。法然上人の法語に、「会者定離ハ、常ノ習《ナラヒ》、今ハジメタルニアラズ。何ゾ深ク歎《ナゲ》カンヤ。宿縁空《ムナ》シカラズバ、同一蓮ニ坐セン、浄土ノ再会甚ダ近キニアリ。今ノ別《ワカレ》ハ暫《シバラ》クノ悲シミ、春ノ夜ノ夢ノ如シ」とある。彼女が生前に日別に読んだ「御法語」の二十九日の条に出る一句である。私共が第一の孫を失った時も彼女はしばらくは、この「浄土の再会近きにあり」に読み到ると、その孫に出会ったかの如くに思い出を語った。

念仏信仰には、阿弥陀仏や極楽浄土についての「なぜ」とか「どうして」とかの詮索《せんさく》はない。法然も親鸞も一遍も「ただ一向に」という。迷いなくである。学生骨になるなと言うことである。それが「迷いを払う」であろうか。

「真実」の世界は、指方立相の浄土として現われ、わたくしの究極の依りどころ――畢竟依《ひっきょうえ》――となっている。親鸞の世界は、どこを押さえても、このことを告げるものであると思う。

六　時機相応の教え

(一)　ただ浄土の一門あり

七世紀の初め、道綽《どうしゃく》が玄中寺《げんちゅうじ》に参詣したのは、四十八歳ごろで、曇鸞《どんらん》が没してから七十年ほどたっていた。そのころは、末法意識の高まり始めたときであった。

道綽は『安楽集《あんらくしゅう》』を著わし、曇鸞の『浄土論註《じょうどろんちゅう》』を引用しつつ、浄土教を仏教思想の上にのせて明らかにしようと努めた。しかも道綽の生まれた時代についていえば、生まれた百二十年前に北魏《ほくぎ》武帝の破仏《はぶつ》(仏教教団の破壊)があり、かれの十二歳のときに北周《ほくしゅう》武帝の破仏が行われ、ほぼそのころ、末法に入った当初であった。さきにふれたように、玄中寺に詣でて曇鸞の碑文を見て感動した道綽が、涅槃宗《ねはんしゅう》を捨てて浄土門に帰してからは、『観無量寿経』を講ずること二百回、日課称名七万遍、真摯な念仏生活に終始して、唐の大宗貞観十九年、八十四歳で示寂した。

道綽が末法の危機観の中でとらえたものは、時機相応《じきそうおう》（時代と機根にかなう）の仏教とは浄土教である、ということであった。これを道綽の聖浄二門の判釈と一般にいうが、それは仏教を大別して聖道門と浄土門とするうち、浄土門のほうがすぐれているというように優劣をつける意味ではない。

『安楽集』の説明によれば、大乗教に二種の勝法、つまり聖道門と浄土門の二種の教えがあるうち、末法五濁《ごじょく》の現在では、聖道門は難証《なんしょう》である。その理由は、①釈尊滅後、いまにへだたることはるかに遠いからであり、また、②教えが甚深微妙で、人びとの理解できないものとなっているからである。これにたいして、浄土門は万人にとって通入できる路である。さて、末代の凡夫人にとって、聖浄二門のいずれかを選ぶというのではなく、凡夫が仏になる道は往生浄土の一門しかないとして、道綽は「唯有㆓浄土一門㆒可㆓通入㆒路」という。道綽において、仏教とは往生浄土の教えのことであり、念仏にほかならなかった。

このことは、『浄土論註』を精読し、重要な箇所を引用している道綽が、なぜか『浄土論註』の綱格である五念門《ごねんもん》（礼拝《らいはい》・讃嘆《さんだん》・作願《さがん》・観察《かんざつ》・廻向《えこう》）の実践をとりあげて、詳説することがないからである。しかも、『浄土論註』の「修五念門」の句を、「修諸行門」と書き改めている。このことは、讃嘆門である称名を重視し始めた時代の反映であり、また曇鸞の浄土教理解が理論的であったのにたいして、道綽のそれが実践的であったことを示すものであろう。

㈡　仏教概論としての『安楽集』

道綽は「仏教は念仏である」ということを論証するのに、当時の仏教界に流布していた浄土教への異見邪執をとりあげ、それらを破斥して、もって浄土教が時機相応の教えたる所以《ゆえん》を大乗菩薩道に則して明らかにした。『安楽集』第二大門の第二は、つぎのごとき九種の偏執《へんしゅう》を破している。

①大乗無相《むそう》の偏執　「空・無相の理こそ真実の教えで、有相《うそう》の浄土に生まれることを説く浄土教は方便の教えである」という偏執にたいして、道綽は「浄土教は真俗二諦《しんぞくにたい》の

道理に基づき、生即無生《しょうそくむしょう》の理を貫いている」という。

②愛見大悲《あいけんだいひ》の偏執　「愛見煩悩（情的と知的の煩悩）をもったまま、菩薩が衆生を救うために大悲の心を起すならば、それは棄てるべきだ」と説かれている。「浄土教が人びとに往生をすすめるのは、愛見大悲の心によるものではないのか」という偏執にたいして、道綽は「菩薩は智慧を得ているから迷いに止《とど》まらず、大悲の心をもっているから悟りに止まらない。往生浄土は有無《うむ》によって有無に執われぬという大乗仏教の本質を示している」という。

③心外《しんげ》無法の偏執　「心の外になにものもなく、心が清浄な浄土をうつしとっているから、人は西方の極楽浄土を必要としない」という偏執にたいして、道綽は「真俗二諦の説き方に従って、浄土は心の外にあるものといってよい。大乗菩薩道の実践は往生浄土に極まるから、初発心《しょほっしん》の菩薩は多く浄土を願生する」という。

④穢土《えど》願生の偏執　「人びとは穢土において衆生の済度を願うべきであるのに、みずから浄土の往生を願うのは菩薩行の本旨ではない」という偏執にたいして、道綽は「衆生を救う利他行は不退転地以上の菩薩であり、そのような菩薩となるためにこそ浄土往

生を願うのである」という。
⑤浄土著楽《ちゃくぎょう》の偏執　「浄土に往生すれば快楽《けらく》のために修行が妨げられる」という偏執にたいして、道綽は「浄土は空性《くうしょう》の世界だから、どうして快楽に執われようか」という。
⑥願生小乗の偏執　「浄土往生を願う教えは小乗である」という偏執にたいして、道綽は「小乗の教えにはどこにも浄土往生を説いていない。故に浄土教は小乗ではない」という。
⑦兜率勧帰《とそつかんき》の偏執　「弥勒仏《みろくぶつ》の兜率天に生まれることを願い、阿弥陀仏の極楽浄土に生まれることを願わない」という偏執にたいして、道綽は「兜率天の往生人たちの中に退転したり悪道に堕《お》ちたりする者があるが、浄土の往生人たちは不退転者であり、寿命は無量であるから浄土を願うべきである」という。
⑧十方随願の偏執　「人は十方諸仏の国土に生まれられるから、極楽浄土にだけ限って往生を願う必要はない」という偏執にたいして、道綽は「極楽浄土は諸仏の国土の最初に位置し、諸仏のすすめたもう世界である」という。

⑨別時意趣《べつじいしゅ》の偏執　「『摂大乗論《しょうだいじょうろん》』の学説を奉ずる摂論家の人たちは、釈尊の説かれた別時意（浄土往生はあとで得られるのに、いますぐ得られるかのように説く）のことばに基づいて浄土教を批判し、『観無量寿経』下下品《げげぼん》に説く十念《じゅうねん》は、往生への因となるけれども往生を得るものではない」という偏執にたいして、道綽は「臨終における十念〔ないし一念〕の称名によって往生を得るというのは、釈尊が過去の因を語らず現在の果を説かれたのであって、われわれは〝十念成就は過去の宿因《しゅくいん》による〟と知るべきで、したがって十念即生《そくしょう》こそ釈尊の本旨である」という。

善導は別時意趣の偏執を、『観経疏《かんぎょうしょ》』「玄義分」の第五「会二通別時意一」の項に引用し、道綽と同様、当時の仏教界における有力な浄土教批判に答えようとした。親鸞が善導の功績を『観経疏』の製作、とりわけ下下品の凡夫往生を明らかにした点であるととらえたが、このことは別時意にたいする善導の血のにじむ解答にほかならなかった。

それに故に、「善導独り仏の正意《しょうい》を明せり」と親鸞が「正信偈」に詠んでいるのも、善導の背後に道綽が存在していたからこそである。道綽なくして善導なし、と親鸞は受けとめていたのである。その点で、道綽の『安楽集』は、当時の仏教界や時代思潮をふまえて、「仏教は念仏である」という主旨を、十二章に分けて論述した〝現代仏教概論〟ということができよう。決して、たんなる『観無量寿経』の概説書ではなかった。

㈢　多生にももうあいがたし

道綽が曇鸞のこころを受けとめ、さらにご自身のことばでこれを明確に表現されたから、親鸞も「正信偈」の道綽讃の下で、「万善《まんぜん》自力《じりき》貶《へん》勤修《ごんしゅ》」ないし「三《さん》不《ぷ》三信《さんしん》誨《け》慇懃《おんごん》」と道綽をたたえている。もともと「万善の自力、勤修を貶す」の句は、道綽が『浄土論註』の難易二道（上巻初め）と自力他力（下巻末尾）の文を『安楽集』に引いて、自釈を加え、「後の学者に語る。既に他力の乗ずべきあり。みずから己《おのれ》が分に局《せぐくま》りて、徒《いたず》らに火宅《かたく》に在ること得ざれ」（『安楽集』第三大門）と述べているのに基づくのであろう。また「三不三信の誨《おしえ》、慇懃《おんごん》にして」の句も、曇鸞が『浄土論註』で称名に破闇満願《はあんまんがん》の働きのあることを説いた箇所に出るもので、真実信心を三つのすがたで示すと、淳心《じゅんしん》（無疑《むぎ》心《しん》）・一心《いっしん》（無二心《むにしん》、決定心《けつじょうしん》）・相続心《そうぞくしん》（無間心《むけんしん》）の三心となり、そうでないのを三不信という。この三心を道綽は『安楽集』第二大門に引き、三心具足の信心をもって往生できないという道理はないと自釈を述べている。

ついで道綽讃に「一生造悪値弘誓《いっしょうぞうあくちぐぜい》　至安養界証妙果《しあんにょうがいしょうみょうか》」とある。前句は信心獲得による現生正定聚の現益《げんやく》、後句は往生即成仏の当益《とうやく》を明かしている。思うに、親鸞にとって、本願におあいする身となったところに、人間に生まれた喜びと生きがいが感得されたといってよい。親鸞の著作を通して、顕著なことは本願を仰ぐご自身を輪廻のわれ、末法のわれ、宿業《しゅくごう》のわれととらえていたことである。これらの表現は道綽や善導の諸師の影響が強かったことによるであろうが、「真実」に生きる自己の探究という求道の姿勢から生まれたことは確かであろう。「一生、悪を造れども、弘誓《ぐぜい》に値《もうあ》いぬれば」と親鸞が詠んでいるのは、『安楽集』第三大門の聖浄二門釈を結ぶ道綽のことばに基づいている。すなわち、こういう。

たとい一形《いちぎょう》悪を造れども、たゞよく意を繋《か》けて、専精《せんしょう》に常によく念仏すれば、一切の諸障自然《じねん》に消除して、定《さだ》んで往生を得ん。何ぞ思量せずして、すべて去《ゆ》く心なきや。

ここにいう「思量云々」とは、「思量」は非思量底《ひしりょうてい》の思量であって、本願を聞思し信知することであり、「去く心」とは往生を願う心であるから、親鸞が『教行信証』総序の中ですすめることば、「聞思して遅慮《ちりょ》することなかれ」と同じこころである。どうして往生浄土を願う心をおこさないのであろうか、と道綽は直言しているのである。

　さて、親鸞が「値」の文字を「まうあひ」と訓を付して読んでいる点についてふれてみよう。『教行信証』総序に同じく「ああ弘誓《ぐぜい》の強縁《ごうえん》、多生《たしょう》にも値《まうあ》ひ叵《がた》く云云」とある。これは、多生すなわち衆多の生死をへめぐってきた間、いかにわたくしにとって、手強いご本願にお遇《あ》いすることが難しいことであったかというご述懐である。ところで、値とか遇の「あう」の意味について、すでに論じているので、いまは結論のみを述べることにしたい（拙著『親鸞入門』3の〈2〉、講談社現代新書）。

　親鸞の用法によれば、如来の側に関して語られている場合は、「まうあふ」と読んでいる。（ただ和讃の「本願力にあひぬれば」は七五調のため例外）。そして、われわれ凡夫の側に関して語られている場合は、ただ「あふ」と読んでいる。友人の築島裕博士の教示によって知ったのであるが、「まうあふ」は「まゐあふ」（参り逢ふ）の音便で、目下の者が目上の人にお会いすることをいい、平安時代後期から使われたという。

親鸞はこの「あふ」という文字について、

遇《ぐ》はまうあふといふ。まうあふと申すは本願力を信ずるなり（『一念多念証文』）。

と述べ、「信ずる」意味にとっている。したがって「値弘誓」は「信弘誓」であり、正定聚不退転の身となったことを示すものである。

なお、本来の「まゐりあふ」・「まゐあふ」は、親鸞八十七歳・高田の入道宛の消息や、妻恵信尼八十七歳・覚信尼宛の消息の中で使われ、いずれも「極楽浄土でお会い致しましょう」と、倶会一処《くえいっしょ》の願いの表明となっている。

七　称名念仏

(一)　独り仏の正意を明かせり

道綽《どうしゃく》晩年の弟子が善導《ぜんどう》である。道綽に師事して『観無量寿経』の講義を聴くとともに、善導みずから三世十方の諸仏の証明《あかし》を請い、阿弥陀仏の指南を夢の中に感得して、『観経四帖疏《しじょうしょ》』を製作した。その他、往生を願う法式・行儀の讃文である『法事讃《ほうじさん》』や『往生礼讃』など、合わせて、五部九巻の著作がある。

法然上人が「偏《ひと》へに善導一師に依る」といわれているように、わが国浄土教は、善導流の浄土教をうけついだ法然の専修念仏《せんじゅねんぶつ》が主流となって、現在に至っている。親鸞が二十九歳、二十年間の叡山修学に袂別して、吉水の法然の門に投じ、流罪になるまでの六年間、法然の教えをうけたが、そこでの研鑽は善導の著作を中心としており、現存する親鸞真蹟の『観無量寿経集註《しゅっちゅう》』や『阿弥陀経集註』は、善導の著作を縦横に引用した吉水時代の所産である。

善導の功績は、道綽がその著『安楽集』において、摂論家《しょうろんけ》のいう別時意趣《べつじいしゅ》を斥けているのをうけ、『観無量寿経』の正意は、下下品《げげぼん》の念仏往生にあるとした。親鸞は「正信偈」の善導讃で、このようにいう。

善導、独り仏の正意《しょうい》を明かせり。定散《じょうさん》と逆悪《ぎゃくあく》とを矜哀《こうあい》して、光明・名号、因縁を顕《あら》わす。「本願の大智海に開入すれば、行者、正《まさ》しく金剛心を受けしめ、慶喜《きょうき》の一念相応して後、韋提《いだい》と等しく三忍《にん》を獲《え》、即ち法性《ほっしょう》の常楽《じょうらく》を証せしむ」といえり。

（善導大師は、『観無量寿経』に関する古今の解釈の誤りを正し、諸師にぬきんでて独り、釈尊の真意を明らかにされた。すなわち、「心を静めて修行に励む人や世間的な善行を積む人も、あるいは十悪・五逆の罪を重ねる悪人も、阿弥陀如来はともに等しく慈悲をたれて、南無阿弥陀仏の名号を因とし、放ちたもう光明を縁として、人びとを浄土に往生せしめたもう」と）

さらに大師は説かれた。「名号のいわれを信じて本願の智慧の大海に帰入すれば（悟《ご》忍《にん》）、金剛石のごとき堅固な信心をいただき（信忍《しんにん》）、そのとき大いなる喜びの心が起る（喜忍《きにん》）や否や、韋提希夫人《いだいけぶにん》と同じく三種の心（三忍）を得、次生には浄土に往生して常住・安楽のさとりを開く身となる」と。

善導は往生の行業《ぎょうごう》を明らかにするため、正雑二行《しょうぞうにぎょう》を弁別し、正行《しょうぎょう》に五種（読誦《どくじゅ》・観察《かんざつ》・礼拝《らいはい》・称名《しょうみょう》・讃嘆供養《さんだんくよう》）あるうち、前三後一の四種を助業《じょごう》、第四の称名を正定業《しょうじょうごう》とし、それは仏の本願の行にほかならぬとした。親鸞が善導の意を、『教行信証』「行巻」に大行《だいぎょう》の利益として出す両重因縁釈《りょうじゅういんねんしゃく》によって布衍したのが、右の善導讃である。そこでは、『観無量寿経』の三忍を一念の信心の三つの働きと解していることがわかる。

名号――慈父――因 ⎫
光明――悲母――縁 ⎭ 外縁《げえん》 ⎫
信心――業識《ごっしき》―――――――― 内因《ないいん》 ⎭

称名が正しく往生の決定する因たる行業であると共に、行信不離なる点を見失わなかった善導大師よと、親鸞はたたえているのである。

(二) 南無阿弥陀仏のこころ

善導いらい、念声是一《ねんしょうぜいち》といって、十念も十声も同じで、念仏は称名のことであるとされた。善導は「玄義分」の中で、南無阿弥陀仏を解釈（六字釈《ろくじしゃく》）してこういう。

南無と言うは、即ち是れ帰命なり、亦是れ発願廻向の義なり。阿弥陀仏と言うは、即ち是れその行《ぎょう》なり。斯《こ》の義を以ての故に、必ず往生を得。

親鸞は善導の六字釈を『教行信証』「行巻」に引き、みずからそれに註解を加え、親鸞自身の六字釈を掲げている。その六字釈で特色とするところは、南無すなわち帰命とは「本願招喚《しょうかん》の勅命」にかなうことであると解し、とくに「帰」の熟字「帰説」の訓に、「タヨリノムトイフ」「ヨリタノムナリ」「ヨリカ、ルナリ」を付して、如来より衆生に向けてたのみ、祈り、係念するのが南無であるとしていることであろう。詳しくは岡亮二教授「行巻・六字釈の一考察」（「印度学仏教学研究」二九巻二号）を参照。

数年前、某仏教辞典の項目「南無阿弥陀仏」を執筆し、二百字までと指示されながら、結局その一・五倍になったのが、つぎの草稿である。

〈南無〉は梵語で「わたくしは帰依します」の意。〈阿弥陀仏〉は仏典には「無量の光明の仏」あるいは「無量の寿命の仏」とあるが、中国では「無量」の梵語「アミダ」を音写し、略称して〈阿弥陀仏〉とした。

〈南無阿弥陀仏〉は阿弥陀仏にたいする帰依をいうが、もと如来がこれを称える者を救いとって往生せしめると本願に誓っているから、称名は浄土に往生するための行業にほかならない。

親鸞は善導の六字釈を深めて、〈南無阿弥陀仏〉は如来が衆生に代ってなすべき往生行を完成し、これを衆生に廻施《えせ》して仏果を得しめようとされているものだから、〈南無〉（親鸞は無を无と書き、「も」と読む）の語義も、「本願招喚の勅命」と解し、「まかせよ、必ず救うの呼び声」とうけとめた。

ちなみに、明治二十六年、八十六歳でなくなった原口針水《しんすい》和上の歌に、こうある。

我れ称え我れ聞くなれど南無阿弥陀　連れて帰るの親の呼び声

またこのこころを、ある人はこのように詠んでいる。

我が口で称える声を我が耳で　聞きて喜ぶほかなかりけり

南無阿弥陀仏は、凡夫のわたくしにとって、自利・利他を全うする仏のさとりを開くところの業因である。善導は『観経疏』の冒頭に、五十六句十四行の詩句「帰三宝偈《きさんぼうげ》」（十四行偈《じゅうしこうげ》）を詠み、結びの詩句として、このような念仏のすばらしい功徳を自他ともに得べきであるとすすめている。これが経典読誦の際、今日広く使われているつぎの廻向句である。

願以此功徳《がんにしくどく》　平等施一切《びょうどうせいっさい》　同発菩提心《どうほつぼだいしん》　往生安楽国《おうじょうあんらっこく》

（願わくは此の功徳をもって、平等に一切に施し、同じく菩提心を発《おこ》して、安楽国に往生せん）

(三)　二河白道の譬え

『観無量寿経』の上品上生《じょうぼんじょうしょう》の段に、至誠心《しじょうしん》・深心《じんしん》・廻向発願心《えこうほつがんしん》の三心を出している。法然上人は三心と四修を往生のための信心と行業として重んじておられる。親鸞は善導の解釈する三心の文を『無量寿経』の三信に照らして隠顕《おんけん》の面でとらえ、『教行信証』「信巻」本の大信釈におけるごとく、『観無量寿経』の三心すべて如来の真実心にほかならないとした。

さて、善導が廻向発願心を解釈するために設けた二河白道《にがびゃくどう》の譬えは、法然も親鸞も引用している。善導は「信心を守護して、以て外邪異見の難を防がん」としてこの譬えを説くが、ヒントは道綽の『安楽集』第二大門に基づいていたことは確かである。

西に向って旅する人が前方に二つの河を発見。北にあるのは水の河、南にあるのは火の河で、いずれも河幅百歩、その二つの中間に幅四、五寸の白道が百歩の長さをもって東西に走っている。しかしながら白道は水波に洗われ火焔に焼かれて歩けそうにない。旅人の後方からは群賊悪獣が襲いかかり、進退きわまってしまった。「我れいま回《かえ》らばまた死せん、住《とど》まらばまた死せん、去《ゆか》ばまた死せん」と旅人は思念した。これを三定死《さんじょうし》という。進もうが、帰ろうが、うずくまろうが、所詮、死ぬしかないという意味である。

そのとき、旅人の背後の東岸上から、釈尊が声をあげてこの道をひたすら行けよと発《はっ》遣《けん》したもう。また西岸上の阿弥陀如来は「汝、一心に正念にして、直ちに来れ。我れ能く汝を護らん。すべて水火の難に堕すことを畏れざれ」と招喚《しょうかん》したもう。二尊のすすめとまねきにより、ひたすら旅人は白道を歩み、目的の西岸に達することができたという。

この二河の譬えは、水の河は貪愛に、火の河は瞋恚に喩え、二河の中間の白道は他力の信心に喩えている。古来、これを図画して、往生浄土の本義を説くてだてとされている。

㈣ 機の深信・法の深信

「散善義《さんぜんぎ》」の中で、善導は「至誠心《しじょうしん》」は衆生の身口意《しんくい》の三業《さんごう》がすべて真実心によってなされる心であると述べている。ところで、親鸞は、この箇所の文にある真実心とは如来の側のもので、衆生のわれわれには一かけらの真実心もなく、すべて虚仮不実《こけふじつ》の心のみであるとして、善導の文章を読みかえている。つまり、転釈《てんしゃく》している。いま善導自身の読みをみる。

不得外現賢善精進之相内懐虚仮

（外に賢善精進の相を現わし、内に虚仮《こけ》を懐くことを得ざれ）

つまり、外面は偉そうに賢ぶるな、また内面にはうそ・いつわりを懐くなと、内外両面にわたって真実であるべき旨を善導は説く。これにたいして、親鸞は転釈し、「内懐虚仮」を理由句に読み、外面さえも賢ぶれないのは、内心、うそ・いつわりのかたまりだからと、一かけらの真実心もないわが身を表明して、こういう。

外に賢善精進の相を現わすことを得ざれ、内に虚仮を懐けばなり。

「愚禿悲歎述懐讃」にも、つぎのように詠んでいる。

浄土真宗に帰すれども
真実の心《しん》はありがたし
虚仮不実のわが身《み》にて
清浄の心《しん》もさらになし

悪性《あくしょう》さらにやめがたし
こゝろは蛇蝎《じゃかつ》のごとくなり
修善《しゅぜん》も雑毒《ぞうどく》なるゆへに

虚仮《こけ》の行《ぎょう》とぞなづけたる

このような親鸞の自己にたいする深い洞察は、善導の「深信《じんしん》」釈たる七深信、とくに最初の二種深信《にしゅじんしん》に裏付けられている。二種深信とは、

一には、決定《けつじょう》して自身は現に是れ罪悪生死の凡夫、曠劫《こうごう》よりこのかた常に没し常に流転して、出離《しゅつり》の縁あることなしと深信す。

二には、決定してかの阿弥陀仏の四十八願をもって衆生を摂受したもう、疑いなく慮《おもんぱか》りなくかの願力に乗ずれば、定んで往生を得と深信す。

第一は、機の深信、第二は法の深信と呼ばれるが、機法二種《きほうにしゅ》は一具の深信で別々のものではなかろう。このことは真の仏弟子の自覚内容や、あるいは『教行信証』に使われている三つの哉《かな》（慶《よろこばしきかな》哉・誠《まことなるかな》哉・悲《かなしきかな》哉の三哉《さんさい》）の意味からも伺い知ることができる。

このように、親鸞は七祖の高僧がたのことばに導かれながら、みずからの思索を通してこれを咀嚼し、本願の呼び声を聞きつづけていった。だから、親鸞の世界とは、本願の世界のおのずからなる開示のすがたであるといってもよかろう。

八　極重悪人

(一)『往生要集』のねらい

七高僧の第六は源信《げんしん》（九四二〜一〇一七、恵心僧都《えしんそうず》）で、四十四歳のとき著わした『往生要集』は、地獄と極楽の観念を世に広めた点で、古来、有名である。

先年、楯《たて》の会を作り、自刃した作家三島由紀夫氏は『豊饒《ほうじょう》の海』の大部作を発表し、そのうちの第三巻『暁《あかつき》の寺』をわたくしに贈られた。この作品は『ミリンダ王の問い』（漢訳『那先比丘経《なせんびくきょう》』）に対論形式で出す輪廻説を紹介しているが、それはわたくしのすすめによるものであった。そもそも、三島由紀夫氏が仏教とくに輪廻説に関心を持つようになったのは、筆者宛の手紙によると、大学時代に『往生要集』を読んでからであるという。残念なことに、その手紙は燃していまは手許にないけれども、『往生要集』はダンテの『神曲』に比すべき、わが国有数の宗教文学作品であることは、現在においても変らないといえよう。

ところで、留意すべきは、『往生要集』が地獄と極楽の二編から成っていると簡単に言い切ってしまうと、誤解が生じ、そしてまた「厭離穢土《おんりえど》　欣求浄土《ごんぐじょうど》」と幟《のぼり》をたてて戦場に臨んだ戦国武士の気概をも損うことになるので、本書の趣旨をまずとらえておく必要があると思う。

上中下三巻は十章から成っていて、第一章「厭離穢土」、第二章「欣求浄土」である。第一章は地獄・餓鬼・畜生・修羅・人間・天上の六道を詳説するが、とりわけ地獄を八大地獄に分けて論述している。したがって、「穢土」といってもこの人間界だけではなく、六道輪廻《ろくどうりんね》の迷いの世界すべてを指しているのである。また第二章の欣求する浄土とは、十方諸仏の清浄仏国土中、ただ阿弥陀仏の西方極楽浄土のみを指している。

それ故に、源信は『往生要集』によって、人間界も含めて六道を穢土とし、この穢土を離れて阿弥陀仏の浄土に往生してさとりを開くことを明らかにされたのである。これが源信のいう「厭離穢土　欣求浄土」の意味であった。『往生要集』を著わした翌年、輪廻から解脱への道ゆきを、「仏教は念仏である」ととらえていた源信であったから、かれをとりまく慶滋保胤《よししげやすたね》らとともに「二十五三昧式《ざんまいしき》」という念仏実修の文を撰し、毎月十五日参集して念仏三昧を専修する生活に入ることとした。

右の念仏講は、首楞厳院《しゆりようごんいん》において根本結縁衆二十五人が参集して営まれたが、結衆のうち病人が出れば、見舞い看病し念仏をすすめるなどして、現在叫ばれているホスピス（仏教ではビハーラ）活動の先駆となっている。

(二)　信心のあさきをなげく

源信は横川《よかわ》の恵心院に住し、因明《いんみよう》、倶舎《くしや》を初め法華三大部などに精通し、比叡山きっての大学匠であったが、かれの念仏信仰を吐露した『横川法語《よかわほうご》』は、法然の「一枚起請文《いちまいきしようもん》」にも劣らない法味をたたえている。

まず、源信は六道のうち人間界に生をうけたことは、本願念仏にお会いするためであったから、人間に生まれたことを喜ぶべきであると述べ、ついでこういう。

このゆゑに、本願にあふことをよろこぶべし。また妄念《もうねん》はもとより凡夫の地体なり。妄念の外に別の心もなきなり。臨終の時までは、一向に妄念の凡夫にてあるべきぞとこころえて念仏すれば、来迎にあづかりて、蓮台にのるときこそ、妄念をひるがへしてさとりの心とはなれ。妄念のうちより申しいだしたる念仏は、濁《にごり》にしまぬ蓮《はちす》のごとくにして、決定往生《けつじょうおうじょう》うたがひあるべからず。妄念をいとはずして信心のあさきをなげき、こころざしを深くして常に名号を唱ふべし。

妄念の凡夫は臨終の最後の一念まで存続する、という源信のことばは、親鸞においても同様にいわれている。親鸞は『一念多念証文』においていう。

凡夫といふは、無明煩悩われらがみにみち〳〵て、欲もおほく、いかり、はらだち、そねみ、ねたむこゝろおほく、ひまなくして臨終の一念にいたるまでとゞまらず、きえず、たえず。

こうした三毒の煩悩ずくめの身であり、妄念の凡夫でありながら、「信心のあさきをなげ」いて、「常に名号を唱」える生活こそ源信の願いであり、それを継承したのが法然であり、またその弟子親鸞であった。

㈢　無他方便の悪人

『観無量寿経』は往生の行業《ぎょうごう》として、定善《じょうぜん》十三観と散善《さんぜん》三観を説いている。散善三観は上・中・下の三輩《さんぱい》をさらに上・中・下の三品に分けるから、すべて九品となる。善導は上輩と中輩の六品を凡夫と呼ぶ。下輩の三品は、経文では「愚人」（輪廻の人の意）となっているが、善導は「凡夫人」といい、法然は「罪人」、源信は「極重悪人」、親鸞は源信と同じく「極重悪人」、あるいは「極悪深重の衆生」と呼んでいる。

『観無量寿経』		善導	法然	源信	親鸞
下品上生	愚人	十悪軽罪の凡夫人	十悪の罪人	極重悪人	極重悪人 極悪深重の衆生
下品中生	愚人	破戒次罪の凡夫人	破戒の罪人		
下品下生	愚人	五逆罪重罪の凡夫人	五逆の罪人		

ところで、親鸞は「正信偈」の源信讃に、

極重悪人唯称仏　我亦在彼摂取中

煩悩障眼雖不見　大悲無倦常照我
（極重の悪人は唯《ただ》、仏を称すべし。我亦《われまた》かの摂取《せっしゅ》の中に在《あ》れども、煩悩、眼《まなこ》を障《さ》えて見ずと雖も、大悲、倦《ものう》きこと無く、常に我《われ》を照らしたもうといえり）

と詠んでいる。このうち、「極重悪人唯称仏」の初句は、『往生要集』第八「念仏証拠門」の文である「極重悪人　無二他方便一　唯称二念仏一　得レ生二極楽一」に基づくし、また「我亦在彼」以下の句は、同じ第四「正修念仏門」の文をほとんどそのまま引いたものである。

　ここで、留意すべきは、源信の極重悪人は、『観無量寿経』の下三品を指しているのに、親鸞はこれを定散二善のすべてにひろげて使用していることである（『教行信証』「化身土巻」本、要門釈の自釈）。

　このように中国・日本の浄土教家たちが使ってきた「凡夫」とか、「罪人」とか、あるいは「悪人」などのことばは、下三品を通じて「かくのごときの愚人」と説かれるところの、十悪・破戒・五逆といった罪業を犯した人であり、それはとりもなおさず生死輪廻して出離の縁なき者のことであった。それ故、親鸞の「悪人」のことばも、「無明のわれ」「輪廻のわれ」という表明の最高潮に達した表現といってよいであろう。

近年、真宗史家たちによって、親鸞のいう「悪人」とは、商人階級の自覚をふまえていわれたものであるとか、あるいは武士階級の罪意識、農民階級の差別観念に基づいて生じたなどと論ぜられているが、一面のみから定義してしまうことはできないであろう。思うに、「業《ごう》の相続者」の自覚に立戻って、「悪人」の意味を考えてみる必要があるからである。

㈣　無根の信

源信の「極重の悪人、他の方便なし」は、法然のご持言「ただ念仏して弥陀にたすけられまひらすべし」（『歎異抄』第二章）に受けとめられ、さらに親鸞の「いづれの行《ぎよう》もおよびがたき身なれば、とても地獄は一定《いちじよう》すみかぞかし」（同上）と表現された。

「地獄ゆきのわたくし」親鸞が、そのすがたを阿闍世《あじやせ》王の上に見出して、『教行信証』「信巻」の末尾、逆謗摂取釈《ぎやくほうせつしゆしやく》の一段に『大般涅槃経』を長々と引用していることは注目に値する。

父頻婆沙羅《びんばしゃら》王を牢獄で餓死させ、母韋提希夫人《いだいけぶにん》をも殺そうとして阻止された阿闍世《あじゃせ》王は、晩年、全身に瘡を生じ悪臭を放ち、医療では治すことはできなくなっていた。大臣耆婆《ぎば》は阿闍世王が罪を悔い慚愧の人となったのを知り、釈尊の教えを仰ぐことを進言する。ちょうどそのとき、空中から亡き父王も「速かに釈尊の許にいくように」と励ます。

このことを知った釈尊は「阿闍世のために無量億劫《むりようおつこう》に涅槃に入らず」と洩らされた。そのこころは、阿闍世が救われる身となるまでは、わたしはこの世を去るまいというのである。「仏心とは大慈悲これなり」（『観無量寿経』）とある通りである。

そこで、釈尊は月愛三昧《がつあいざんまい》に入り、それから立ち上って大光明を放たれた。すると、「その光、清涼にして王身を照らしたもうに、身の瘡すなわちいえぬ」とある。ただちに釈尊は阿闍世王に向って、滅罪の法を説きたもうた。聞き終って信心の喜びを表明して、王はこのように申し上げた。

世尊よ、われ世間を見るに、伊蘭子《いらんし》より伊蘭樹を生じて、伊蘭より栴檀《せんだん》樹を生ずるを見ず。われ今、始めて伊蘭子より栴檀樹を生ずるを見る。伊蘭子とは、わが身これなり。梅檀樹とは即ちこれわが心の無根《むこん》の信《しん》なり。……われ今、仏を見たてまつる。これをもって仏の得たもうところの功徳を見たてまつり、衆生の煩悩悪心を破壊せん。

王舎城《おうしゃじょう》の悲劇を起こした阿闍世王は、まさしく五逆罪《ごぎゃくざい》と謗法《ほうぼう》と一闡提《いっせんだい》のいわゆる難化の三機・難治の三病を代表する。かかる難化・難治の逆謗《ぎゃくほう》も、究極的には如来の本願力によって摂取されていくことを明らかにしようとしたのが、親鸞の逆謗摂取釈の一段における引用態度である。本来、生ずるはずのない信心の花が、根なし草の親鸞わたくしの心に生じたと、「無根《むこん》の信《しん》」を受けとめたのが親鸞であった。それは、念仏以外に救われる道のない「無他方便《むたほうべん》」の親鸞であったからである。

極悪深重《ごくあくじんじゅう》の衆生は
他の方便さらになし
ひとへに弥陀を称してぞ
浄土にむまるとのべたまふ（源信讃）

九　よき人の仰せ

(一)　ただ念仏して

『末灯鈔』第十九通の中で、親鸞に帰依して明法房《みょうほうぼう》を名のった山伏弁円《べんねん》が、このたび見事に念仏往生を遂げたことをたたえた親鸞は、関東の門徒たちをいさめ、「ただこのちかひあり」と、凡夫が仏になる道は本願念仏一つである旨を説いている。

また、親鸞晩年の弟子唯円《ゆいえん》は、師の親鸞がかってくりかえし拝聴して耳底に留めていた法然（一一三三〜一二一二）のことば「ただ念仏して弥陀にたすけられまひらすべし」を、『歎異抄』第二章に載せている。右の師弟のことばについて考えてみると、法然の「ただ念仏して」を、弟子親鸞は「ただこのちかひあり」と表現しているが、いずれも、同一の法味の表現にほかならないといえよう。

四十歳年長の師であった法然は、親鸞にとって父親以上の存在であったろう。法然もまたみずからなし得なかった生活、すなわち妻子をもうけて営む家庭の念仏生活を親鸞の上に認めた。

親鸞が終生忘れることのできなかった師恩に、三つのできごとがある。かれは『教行信証』後序にそのことを記録している。

第一は、獲信《ぎゃくしん》の恩徳。親鸞二十九歳、法然の門に入るや、ただちに他力信心を獲得する身となった感激を綴る。

第二は、『選択集《せんじゃくしゅう》』の見写《けんしゃ》。親鸞三十三歳、法然から『選択集』を書写することを許され、題名と「南無阿弥陀仏往生之業念仏為本」の標宗文《ひょうしゅうのもん》と親鸞の名「釈綽空《しゃっくう》」を真筆で書き与えてくれたという感激を綴る。

第三は、師法然の真影図画。右の見写から三カ月後、完成した肖像画に「南無阿弥陀仏」と第十八願成就文の取意「若我成仏《にゃくがじょうぶつ》……必得往生《ひっとくおうじょう》」と改名の名「善信《ぜんしん》」を、これまた真筆で書き与えてくれたという感激を綴る。

「よきひとのおほせをかぶりて信ずるほかに別の子細なきなり」（『歎異抄』第二章）と明言した親鸞にとって、「よきひと」法然上人の仰せ「ただ念仏して」の句とともに、心底に刻まれていたのは、実は「無《む》義《ぎ》為《い》義《ぎ》」の句であった。この句は『末灯鈔』、『尊号真像銘文』、『歎異抄』などに際立って多い。

他力には義なきを義とす、と聖人のおほせごとにてありき。

如来の誓願には義なきを義とす、とは大師聖人のおほせに候き。

念仏には無義をもて義とす。

こうして、親鸞もまたこの師のことば「無義為義」を使って、第十八願の難思議往生を説明したり、あるいは自然法爾《じねんほうに》の世界を説明したりしている。「無義為義」とは、われわれ凡夫のはからい・分別の加わらないことが、如来の思召し・おはからいだという。

(二)『選択集』と親鸞の引用態度

親鸞が『教行信証』を著わすにあたって、諸経論を多数引用しておりながら、師法然の『選択集《せんじゃくしゅう》』（浄土宗は〝せんちゃくしゅう〟と読む）に関してはわずか七、八行を「行巻」に引くにとどまる。

すなわち、『選択集』の題名と標宗文、そして末尾の結勧《けっかん》の「三選文《さんせんのもん》」とである。三選とは、聖浄二門のうちの浄土門を、正雑二行のうちの正行を、正助二業のうちの称名正定業をそれぞれ選ぶのに由る。この「三選文」によって法然は、称名往生は仏の本願力に基づくものであることを明かしている。

あれほど『選択集』の見写に感激した親鸞がなぜ『教行信証』に師の文章を数行しか引用しなかったのであろうか。

思うに、『選択集』全十六章は、第十八願の念仏がわれわれの往生の正決定の業因であることを明かすもので、それは題名と標宗文と「三選文」とによって代表されると、親鸞は解したからであろう。

このことは、「仏教は念仏である」という法然の仏教観が、「ただ念仏して」の御持言となったことを見抜かれた結果でもあろう。

「正信偈」の源空讃の「本師源空明仏教《ほんしげんくうみょうぶっきょう》」に始まる前半は、「仏教は念仏である」という法然の仏教観を示し、「還来生死輪転家《げんらいしょうじりんでんげ》」からの後半は、『選択集』三心章の文を詩句にまとめて、法然の念仏為本《ねんぶついほん》は信心為本《しんじんいほん》にほかならぬことを明かしている。

このことは親鸞が『尊号真像銘文《そんごうしんぞうめいもん》』において、称名正定業《しょうみょうしょうじょうごう》（称名が往生の正しく決定する業因であるの意）を註解して、「かならず無上涅槃のさとりをひらくたねとまふす也」とか、「浄土にむまれて仏にかならずなるたねとまふすなり」と述べるとともに、信心についても同様に「信心は菩提のたねなり。無上涅槃をさとるたねなり」と述べて、行信不離《ぎょうしんふり》を明かしているからである。

㈢ 愚者になりて往生す

法然は十五歳で比叡山に登り、十八歳のとき西塔《さいとう》黒谷の叡空《えいくう》の門を尋ね、二十五三昧の念仏生活に入った。一切経を披閲すること五返、四十三歳のとき善導「散善義」の文「一心に弥陀の名号を専念して、行住坐臥に、時節の久近《くごん》を問わず、念念に捨てざれば、是を正定の業と名づく。彼の仏願に順ずるが故に」に出会って、豁然《かつねん》として開悟したという。

かくて比叡山を下って、東山の大谷《おおたに》に庵を結ぶ。六十六歳、九条兼実《かねざね》のすすめで『選択集』を選述。ときに頼朝の没する前年、親鸞入室の三年前であった。専修念仏にたいする南都・北嶺の妨害が激しくなり、住蓮房と安楽房の両人が死罪に処せられた翌年、法然と親鸞は流罪となった。ときに法然七十五歳であった。四年後、親鸞は越後の国府で勅免となったが、そのとき、かれは愚禿《ぐとく》と名《な》のり、非僧非俗《ひそうひぞく》を宣言した。翌年正月二十五日、師法然は浄土に還帰したもうた。

親鸞が二十九歳から六年間、法然の門で親しく師の教えと人格にふれる生活をもったことは、親鸞にとっての生涯の大いなる喜びであった。

師を親鸞が「よきひと」と尊敬してやまなかったのは、師が一味《いちみ》の安心《あんじん》に住する念仏者であったからである。このことは、智慧第一の法然とたたえられながら、みずから「愚痴の法然房」と称し、念仏者はみな愚者たるのふるまいをすべきであると教えていることからでもわかる。臨終の法然が、弟子源智に念仏の要義を一紙に記して与えた「一枚起請文」（『昭和新修法然上人全集』四一五～六頁）に、

念仏を信ぜん人は、たとひ一代の法をよくよく学すとも、一文不知《いちもんふち》の愚鈍の身になして、尼入道《あまにゅうどう》の無智のともがらにおなじくして、智者のふるまひをせずして、

たゞ一向に念仏すべし。

のちに親鸞八十八歳のとき、乗信房《じようしんぼう》宛の手紙にも、師法然のことばを記している。愚痴無智の人もをはりもめでたく候へ……故法然聖人は「浄土宗の人は愚者になりて往生す」と候しことを、たしかにうけたまはり候し……（『末灯鈔』第六通）。

また、『歎異抄』後序に記す信心一異の論争（覚如『御伝鈔』上巻・第七段参照）によっても、師弟同一の信心という牢固たる信火に燃えていたことを知ることができる。いま、後序の文によって師弟それぞれのことばを掲げてみよう。

〔親鸞〕聖人の御智慧才覚ひろくおはしますに、一《ひとつ》ならんとまふさばこそ、ひがごとならめ、往生の信心においては、またくことなることなし、たゞひとつなり。

〔法然〕源空が信心も如来よりたまはりたる信心なり、善信房の信心も如来よりたまはらせたまひたる信心なり、さればたゞひとつなり。別の信心にておはしまさんひとは、源空がまひらんずる浄土へは、よもまひらせたまひさふらはじ。

親鸞の妻恵信尼《えしんに》の手紙によって、われわれは親鸞が法然の門に入る前後の情況のみならず、親鸞夫妻がたがいに観音の化身《けしん》と敬愛し合っていたこと、末娘覚信尼《かくしんに》親子にたいして倶会一処《くえいっしょ》の願いに生きる念仏生活を恵信尼が遺言したことなどをうかがい知ることができる。まことに、貴重な史料というべきである。

家庭の中で仏教生活を営むことは、聖徳太子に始まる。仏像を安置した厨子を中心に、一家一族の人びとが礼拝、聞法の仏事にいそしんだのである。親鸞が聖徳太子を尊敬された理由は、このような家庭の仏教実践に注目したからであろう。

しかも、師の法然から、いかなる人も念仏の申される生活をすること、すなわち念仏生活がそのまま人生であり、生活であると教えられた。法然はこういわれる（『昭和新修法然上人全集』四六二～三頁）。

現世をすぐべき様は、念仏の申されん様にすぐべし。念仏のさまたげになりぬべくば、なになりともよろづをいとひすてゝ、これをとどむべし。

ついで法然は、出家して念仏が称えられないならば、妻帯して念仏を称えよ。妻帯して称えられないならば、出家して称えよ。ないし、自分一人で称えられないならば、仲間と一緒に称えよ。仲間と一緒に称えられないならば、自分一人で称えよと説かれた。生活の一部を念仏生活と考え、信仰と日常生活を別個のものと考える現代人には、理解できないことであろう。

しかしながら、南無阿弥陀仏という〝仏尺《ぶつしやく》〟を使う日暮らしこそ、本願に遇《もうあ》った念仏の人生である。このことを蓮如上人はつぎのようにいわれる（『蓮如上人御一代記聞書』九六）。

当流には、総体《そうたい》、世間機《き》わろし。仏法のうへより何事もあひはたらくべきことなるよし、仰せられ候と云云。

（わが浄土真宗の流れを汲む者は、どんなことをする場合でも、すべて、世間・世俗の心持ちでするのはよくない。念仏のおいわれに照らして、なにごとも処理すべきである）。

以上、念仏を正信する人びとをたたえる偈、すなわち「正信念仏偈」に依りながら、親鸞の世界にふれてきた。親鸞は七高僧を仰ぎ、「無辺の極濁悪《ごくじょくあく》（たるわれわれ）を拯済《じょうさい》したもう」とたたえ、「唯《ただ》、この高僧の説を信ずべし」と述べて、「正信偈」を結んでいるのである。

十　真の仏弟子

(一)　和国の教主聖徳皇

親鸞八十三歳から八十六歳にかけて、聖徳太子の史伝を和讃に詠み、仏法弘通《ぐずう》の徳をたたえているが、その数約二百首が現存する。

この背景には、当時、民衆の仏教信仰として、太子信仰と観音信仰が広まっており、しかも、太子は観音の化身と仰がれていた事実に注目すべきであろう。

親鸞が二十九歳、六角堂に参籠し救世《ぐぜ》観音の夢告《むこく》を契機として、法然上人に出会い、そして恵信尼と結婚することになったのは、聖徳太子のおてまわしではなかったろうか。すなわち、太子の仏教観、「凡夫が仏になる」道を家庭生活の中で味得していくということを、みずからの仏教観としたのが親鸞であったからである。

聖徳太子がみずから講じ、また注釈された勝鬘《しょうまん》、法華《ほっけ》、維摩《ゆいま》の三経は、当時、中国や朝鮮で盛んに行われていた代表的大乗経典であった。しかも、この三経を貫くものは、正法に生きる求道者、つまり真の仏弟子たれということであった。太子自身、そうであったように、家庭生活を営む中で、一家一族の人びとが、ともに真の仏弟子となっていくことを願われた。

太子が『法華経』の「安楽行品《あんらくぎょうほん》」の中で、「常に坐禅を好む」という文について、このような出家者であれば世間に『法華経』を弘通することは不可能だから、そうした小乗の禅師に近づくべきではないと述べて、経文を否定形に読みかえられている。ここに太子独自の見解が打ち出されていることは、衆知の通りである。

在家の仏教者であり、かつ真の仏弟子を主人公とした経典が、『勝鬘経』であり、また『維摩経』であった。それで、太子が注釈の対象としてとりあげた『勝鬘経』は、勝鬘夫人を主人公としているところから、推古天皇をこれになぞらえ、また『維摩経』は維摩居士を主人公としており、聖徳太子自身、維摩居士になぞらえたといわれる。

真の仏弟子たらんと目指した太子にとって、右の二経は大きな影響を与えたと思われる。『勝鬘経』摂受正法章《しょうじゅしょうぼう》に、

もし正法を摂受する善男子善女人は、正法を摂受せんがために、三種の分を捨つ。何等《なに》をか三となす。謂《いわ》く身と命と財となり。

とある。摂受正法の人とは不惜身命の求道者をいう。それは真の仏弟子にほかならず、同経一諦《いったい》章で「真子《しんし》」を説明するのに、パーリ阿含の「法の相続者」(dhammadāyāda)の語を使っている。

また、さきにあげた「常に坐禅を好む」の出家主義を否定することは、おそらく『維摩経』弟子品で維摩居士が舎利弗に教えたところの、「ただ坐っていることだけで宴坐《えんざ》(pratisaṃlāna 独坐の思惟)とはいわないものだ」に基づくと思われる。太子が『維摩経義疏』に、これに関する総括理由と六つの理由を詳論しているからである。

(二) 業の相続者から法の相続者へ

親鸞は『教行信証』「信巻」に、真の仏弟子を定義し、信心獲得した念仏者のことで

あり、現益《げんやく》（現生に正定聚不退転に住するなどの利益）と当益《とうやく》（いのち終って往生するや成仏のさとりを得る利益）の二益を与えられる者という。すなわち、

真仏弟子と言うは、真の言は偽《ぎ》に対し仮《け》に対するなり。弟子とは釈迦諸仏の弟子なり、金剛心の行人《ぎょうにん》なり。斯の信行に由りて必ず大涅槃を超証《ちょうしょう》すべきが故に、真仏弟子という。

「釈迦諸仏の弟子」とあるのは、釈尊の出世本懐が諸仏の本懐をうけつぎ、諸仏の本懐が弥陀の本懐を顕わしているから、阿弥陀仏の本願に生きる仏弟子という意味である。この真仏弟子釈が終ると、親鸞は「悲しき哉、愚禿鸞《ぐとくらん》、愛欲の広海に沈没し云云」と悲《ひ》懐《かい》を述べ、現益と当益の二益を蒙るに値しない自己と表明、ついで『大般涅槃経』の阿闍世王の悲劇を引用し、「無根《むこん》の信《しん》」を獲た喜びを、阿闍世を通して自身の上に味わわれている。

釈尊の教えの根本は、仏弟子たちをして業《ごう》の相続者（kammadāyāda）の自覚から法《ほう》の相続者（dhammadāyāda）の自覚に至らしめる人間観であった。これを善導大師は機の深信から法の深信へ向わしめる機法二種深信で示し、親鸞は宿業《しゅくごう》の自己が宿願《しゅくがん》に生

きる自己ととらえる宿業観で示した。

釈尊	業の相続者	――	法の相続者
善導	機の深信	――	法の深信
親鸞	宿業の自己	――	宿願の自己

いずれも真の仏弟子の表明にほかならない。親鸞が「末法のわれ」「輪廻のわれ」「宿業のわれ」と自身を語っているのも、釈尊の教説「自己を業の相続者であると観察せよ」を受けとめた結果にほかならない。「業の相続者」ということは輪廻の存在者ということであるから、「無明《むみよう》のわれ」という自覚と同じである。親鸞の宿業観は、それ故、釈尊の説かれた業の相続者の自覚と軌を一にしていることがわかる。

しかも、釈尊において、業の相続者の自覚が法の相続者の自覚と二にして不二《ふに》であるように、宿業のわれがそのまま宿願に生きるわれという自覚をうみ出し、悲嘆の底に慶《きよう》喜《き》法悦の世界を見出していたのが親鸞であった。

無明長夜《むみようじようや》の燈炬《とうこ》なり
智眼《ちげん》くらしとかなしむな

生死大海《しょうじだいかい》の船筏《せんばつ》なり
罪障《ざいしょう》おもしとなげかざれ（「正像末和讃」）

ここに、われわれは真の仏弟子とは、仏智をいただき、仏智の中に生かされて、おかげさまと雄々しく歩む者であると付言したい。

㈢　求道者親鸞

釈尊の生涯が求道者の生涯であり、前生の釈尊の名前が菩薩、すなわち求道者と呼ばれていたことからもわかるように、どの仏の性格もすべて求道者釈尊のそれを写しとっており、そして仏教徒は求道者の歩みをとりつづけるとされている。

いま、親鸞九十年の生涯（一一七三〜一二六二）を考えてみると、六つの時代すなわち、①幼年時代（一歳〜九歳）、②叡山時代（九歳〜二十九歳）、③吉水時代（二十九歳〜三十五歳）、④流罪時代（三十五歳〜四十二歳）、⑤関東時代（四十二歳〜六十三歳）、⑥帰洛時代（六十三歳〜九十歳）に分けられよう。

これらの時代を通じて、親鸞はひたすら「真実」を求めて旅した人、求道者であったと評することができるであろう。

そして、親鸞が仏教に学んで会得したものは、「仏教は念仏である」という把握であり、そこにおいてこそ、真実の世界に生きる自己を発見することができたのである。親鸞の「仏教は念仏である」という把握は、つぎの六項目によって特色づけられると思う。

①現実の人生を見すえ、来世主義の過誤をただし、現生正定聚の現益を重視した。

②真実に生きる自己の探求の根底に、宿業観という人間観を確立した。

③仏恩報謝の念仏生活がそのまま求道の歩みであった。

④真実への歩みをつづける親鸞は不真実なもの・不合理なものと対決し、その批判的精神は盛んであった。

⑤迷信呪術や除災招福などの現世利益追求を排除した。

⑥在家仏教に徹し、民衆とともに歩む御同朋・御同行の実践に生きた。

㈣ 倶会一処の願い

われわれは念仏者親鸞が求道者であり、真の仏弟子として名実ともに万人から慕われる所以《ゆえん》の一つに、かれがよき夫であり、よき家庭人であったことをあげたい。

親鸞はみずからの身辺についてほとんど語っていない。しかしながら、妻恵信尼《えしんに》の遺した手紙によって、今日、親鸞の家庭生活を知ることができる。

とりわけ、親鸞夫妻が互いに観音の化身《けしん》と信じて敬愛してきたということを、恵信尼が末娘覚信尼《かくしんに》に打ちあけている。それも親鸞往生のしらせを覚信尼から知らされた返事の中であった。夫妻がお互いを観音と信じ合えるということは、阿弥陀如来の大いなる慈悲の中に抱かれていたからであろう。阿弥陀如来の慈悲の働きを現わしたのが脇侍の観音であるからである。

また、晩年、夫妻は京都と越後に分かれて生活したが、恵信尼は親鸞亡きあとも、十数名にも及ぶ大家族の長として、一家を支えてきた。なかでも、彼女八十七歳のとき、覚信尼親子や侍女わかさに宛てて、倶会一処《くえいっしょ》の願いを遺言している。すなわち、こういう。

わが身は極楽へすぐにも参ることでしょう。極楽では、なにごとも明らかにお見うけできましょうから、あなたさまも必ずお念仏申されて、極楽でお会い致しましょう（『恵信尼消息』第八通、現代語訳）。

『阿弥陀経』の中に、「一処」すなわち西方浄土に生まれてともどもにあい会う旨が説かれている。念仏に生きる者の願い、これに極まるというべく、釈尊の「法の相続者」の実践にほかならない。恵信尼の願いは、同時に親鸞の願いでもあった。すでに、恵信尼はくり返し親鸞から、「倶会一処だよ」と教えられていたと思われる。このことを傍証する親鸞の手紙がある。それは有阿弥陀仏という門弟に宛てたもので、こういう。

老い先《さき》短いわたくしゆえ、きっとそなたより先にお浄土に参ることでしょうから、お浄土で必ず必ずお待ち致しましょう（『末灯鈔』第十二通、現代語訳）。

また病む覚信房を励まし、「浄土でお会いしましょう」といわれる。それも、「わたくし親鸞が先に参って、そなたをお待ちします」という師の温いこころが示されている。「ただ念仏して」と、師弟の間に語り伝えられているのも、「倶会一処」を目指してのことであり、同一念仏の法味に生かされつづけていくことの願いを表明するものであった。

十一　自然法爾の世界

(一)　自然法爾ということ

親鸞の世界を語ることは、そのまま本願他力の世界を明かすことである。本願他力の世界を宗教哲学的に説いたのが、親鸞八十八歳の「自然法爾章《じねんほうにしょう》」(「正像末和讃」)であり、また八十六歳の「自然法爾の事」(『末灯鈔』第五通)と題する文である。

「自然法爾章」は親鸞最晩年の円熟した信心の境涯を表わすものといってよいであろう。最初の獲得名号《ぎゃくとくみょうごう》に関する解釈を除いて、全文を四段に分けて伺うと、このようになろう。

第一段　自然《じねん》を凡夫の側から解釈し、凡夫のはからいのないことが如来の御はからいに他ならず、自然は無義為義(義なきを義とす)と同じであると述べる。

第二段　自然を仏の側から解釈し、凡夫のはからいの打ちすてられるのも他力によるとする。
第三段　自然が仏のすがたとなって現われたのが阿弥陀仏であるとする。
第四段　自然も法爾《ほうに》も真実とその力用《りきゆう》を指しており、われわれの思議を超えた仏智の世界である。

「虚仮不実《こけふじつ》のわが身《み》」と自身を受けとめたのも、本願真実の世界の中に抱かれていると知らされたからである。親鸞が長い求道遍歴の生活を経て辿りついたのは、真実に背きつづけてきた「不実のわれ」という自覚であったとともに、かかる「不実のわれ」をこそ利他行の対象として久遠劫来働きづめに働いてくださっていた阿弥陀仏であったと領解した。このような親鸞の領解も、真実の働きに基づくものであり、自然法爾の働きにほかならない。

『歎異抄』第六章に、親鸞は、

自然《じねん》の理《ことわり》にあひかなはば、仏恩をも知り、また師の恩をも知るべきなり。

と述べているように、真実にふれた者にとって、おのずから生かされて生きる身と知らされるから、仏恩や師恩に報謝する思いが湧き起るのである。

自然にせよ法爾にせよ、「おのずからしからしむる働き」と親鸞が解釈していることは、自然法爾が釈尊のさとりの内容たる縁起の道理を表現したことばだからである。「縁起」は「縁りて生起せしめること」「縁りて生起せしめる働き」という語の漢訳である。あらゆる存在は、どれ一つとっても、目に見え目に見えない無数の条件（存在）によって、関係し合って成り立っている。つまり独自の実体があるのでなく、相互の依存関係の上にみずからの存在を全うしつつ、生滅変化しているから、いかなるものも、みな縁起性《えんぎしょう》のものである。それ故に、すべての存在は、あらしめられてあるものであり、自然法爾の存在なのである。

(二) 善鸞義絶に思う

縁起・空性《くうしょう》の世界は、親鸞にとって本願海と把握された。本願海を自然法爾と受けとめたのは、海の二つの特性を自然法爾の上に認めたからであろう。海には同一鹹味《どういつかんみ》の徳（あらゆる川の水も海にそそぎ入ると、同一の塩味と化してしまう働き）と、また不宿《ふしゅく》死骸《しがい》の徳（海中の死骸などの不純物を海浜に打上げ、浄化・純化する働き）という作用があるごとく、親鸞のいう自然法爾にも、凡夫のはからいを打ちすてる浄化の働きと、また他方、二元相対のものを一如《いちによ》へと導く摂取の働きの二つを具えていたといえよう。この二つの働きは相矛盾するように見えるが、決してそうではなかった。

晩年の親鸞が師の法然のことば「無義為義」（義なきを義とす）を、くりかえし門弟たちに語っていたことは、浄化の働きとしての自然法爾を示そうとしていたといってよかろう。

また、あらゆるものを摂取して一つの世界に生きるものたらしめようとする、一如の働きとしての自然法爾について、たとえば親鸞八十三歳、建長七年九月二日付の二通の手紙（『御消息集』第四、五通）がある。それぞれ関東にいる門弟たちと長男善鸞とに宛てたものであるが、それには、諸神諸仏・菩薩を軽んじてはならない。なぜならば「仏法をふかく信ずるひとをば、天地におはしますよろづのかみは、かげのかたちにそへるがごとくしてまもらせたまふことにてさふらへば、念仏を信じたる身にて、天地のかみをすてまふさんとおもふこと、ゆめ〳〵なきことなり云云」とある。

そのころ、関東教団に異義・異安心が起り、とりわけ門弟らの間に神仏を軽視し、造《ぞう》悪無碍《あくむげ》や本願ぼこりの異安心が人倫の秩序を乱し、やがて鎌倉幕府の念仏者取締りの対象となりつつあった。善鸞が父親鸞の命をうけて関東に下ったのは、こうした背景によるものであった。下野《しもつけ》、常陸《ひたち》、下総《しもうさ》などに広がっていた邪義を糾弾した善鸞は、かえってかれ自身が邪義を唱える者という烙印を門弟や道場主たちから押された。善鸞を中傷するかれらの報告をうけた親鸞は、ただちに善鸞を義絶したのであった。

善鸞義絶の真相は不明であり、現存する義絶状も真偽未決である。しかしながら、義絶は事実である。おそらく京都にいる親鸞にとって、関東の門侶たちすべてが、念仏の本義に立ち戻り、御同朋御同行の念仏生活を相続してもらうために、まず身内の長男を義絶することも止むを得なかったのであろう。絶ち難い恩愛《おんない》のきずなを断つことが、お浄土における倶会一処の願いを確かめ合うご縁となるからである。

こうして、親鸞は関東の門弟や門徒たちにたいして、恩怨を超え、是非善悪の対立を止揚して、平等一如の世界に生きる道を、善鸞義絶の事件を通して示そうとした。ここに、われわれは自然法爾の第二の性格たる一如の働きを読みとることができる。

㈢　弟子一人ももたず候

親鸞門下の中で、「わが弟子、ひとの弟子」と互いに弟子の奪い合いが行われていたことに関して、親鸞が「親鸞は弟子一人ももたずさふらう」（『歎異抄』第六章）と述べたことは、釈尊の態度と軌を一にする。

ところで、親鸞の弟子信楽房《しんぎょうぼう》が門下を離れようとしたとき、同門の中から他人の弟子となった以上、先に与えられていた本尊や聖教《しょうぎょう》を取り上げるべきだという声があがった（『口伝鈔』第六）。

これにたいして、親鸞はこう教えている。

すべて如来の御弟子だから、師弟というよりは御同行にほかならない。また本尊や聖教は如来の衆生教化のてだてであるから、たとい信楽房が憎さの余り、それらを野山に棄てたとしても、動物や虫たちがそれらにふれたおかげで救われることになれば、それこそ如来の本懐が全うされたことになろう。それ故に、凡夫がわがものと執着する財宝のように、授けた本尊・聖教を取り上げる必要はないのであると。

右の『口伝鈔』の話は、親鸞の自然法爾観のうち、一如の働きというものを、野山にうち棄てられた本尊・聖教によって示そうとしているといえよう。

このように、わたくしをとりまく一切のものは、一如の働きにほかならず、自然法爾のものといただくしかない。そして、自然法爾の世界がみずから名のって、南無阿弥陀仏となっていると受けとめた親鸞であったから、名号が本尊であり、その名号はわれわれの口業《くごう》にのせて称えられる称名となっているとした。

本願他力を自然法爾のことばによってとらえようとした親鸞、そこにわれわれは日本の精神風土に培《つちか》われたかれの独自性を見ることができよう。また鎌倉旧仏教の復興を目指し、専修念仏を批判した同時代人の明恵《みようえ》が、「あるべきやうわ」の七文字によって釈尊の正法を回復しようとしていることは、両者あい呼応する立場をもった点で、まことに素晴しい。

四 おかげさまの生活

親鸞の自然法爾観は、念仏者たちに「おかげさま」の自覚となって相続され、今日に至っている。前述のごとく、自然法爾は縁起の道理と同義であるから、念仏者たちが、否、一般に日本人が口にする「おかげさま」のことばは、釈尊自内証の縁起の道理を和訓で表現したもので、英語などに翻訳できない語といってよかろう。

生かされて生きているということは、おのずから「おかげさま」の自覚をうむ。また、「みほとけに守られている」の自覚を起す。すでに念仏と念仏者の関係について述べたところであるが、凡夫が仏になる道はお念仏であると聞かされても、念仏を喜ぶ念仏者のすがたを知り見ることなくして、念仏のおいわれはなかなか領解できない。「おかげさま」と喜ぶ念仏者の日暮らしを見て、お念仏とは何であるかが知られることである。

親鸞から八代目の蓮如は、仏恩報謝の語によって、恵みに生きる「おかげさま」の生活を強調した。

仏法においては、仏にさし上げようとする計《はから》いごころは悪い。これは仏の御こころにかなおうと思うこころである。信心を得た上は、行住坐臥、なにごとも仏恩報謝と思うべきである（『蓮如上人御一代記聞書』一三五、現代語訳）。

蓮如上人は食物を召しあがる時でも、「如来・聖人の御恩によるということを、決して忘れなかった」と仰せになり、また食物を一口いただくにつけても、「御恩によるということを思い出された」といわれた（同上二六六、現代語訳）。

万事について、善いことを思いつくことのできるのも仏の御恩であり、また悪いことを思い捨てることのできるのも仏の御恩である。善悪の取捨、いずれもみな仏の御恩によるものである（同上二九六、現代語訳）。

また蓮如はくりかえし冥加《みょうが》の語によって、「おかげさま」の自覚をうながした。

知らず知らずのうちに蒙っている仏の恵み（冥加）にたいして、どのようにかなうべきかといえば、阿弥陀仏に帰依することである（同上二〇六、現代語訳）。

蓮如上人は食事をいただく時には、まず合掌して「阿弥陀如来と親鸞聖人のご用をつとめさせていただくために、着物を着、食物をいただくことよ」といわれた（同上一六九、現代語訳）。

如来の行を行ずる人、すなわち仏行《ぶつぎょう》（利他行）を行ずる人が念仏者であり、念仏者は必ず仏となって仏行を行じつづけていく。親鸞のいう「往還《おうげん》の廻向《えこう》は他力に由《よ》る」とは、このことであり、自然法爾の世界を明かすものである。

十二　生死を超える

㈠　現実人生に働く仏智

親鸞はその念仏生活において、彼土と此土、浄土とこの現世とを二つに分けて考えていたであろうか。凡夫の知識では二元対立的にものごとをとらえるから、現世にたいして来世という表現は一般的であろう。だが、念仏という仏智の世界に生きる念仏者にとっては、こうした二元相対の考え方がとり払われ、いわば無分別智《むふんべつち》の尺度に基づくふるまいに終始する。このことは、かれが仏智の持ち主になったからであり、行住坐臥、一挙手一投足のすべてが、仏智のかたから行われてくるからにほかならない。

親鸞が仏智の世界を本願他力の世界ととらえ、あるいは自然法爾の世界と表現したのも、親鸞自身を含め、この現実世界をつつみこんで働く仏の世界であることを強調するためであった。信心の得益である正定聚不退転の位を現益《げんやく》とし、命終って浄土に往生するとき、往生即成仏のさとりを得るのを当益《とうやく》として、現当二世の益を親鸞は立てたが、実は現益と当益は別々のものでなく、現益は必ず当益をもたらすものであり、この二つは他力廻向によるものと説いた。また、浄土に生まれて仏になる「往相《おうそう》」が、そのまま浄土から此土へ還り来って衆生救済の利他行をなす「還相《げんそう》」をもたらすものであり、この二つもまた他力廻向に基づくと述べている。

このような親鸞浄土教の根幹をとらえてみると、厭離穢土・欣求浄土といった彼此二土相対の往生観ではなくて、彼土から此土へ働きつづけて止まない仏智界の開顕を仰信《ごうしん》していくことが、親鸞の明らかにしようとした往生浄土の本義であったといえよう。

(二) 願われて生きる

蓮如も「信心の人」とは仏智をいただいた人のことで、およそ賢愚などの有無とは無関係であると教えている。すなわち、このようにいう。

「仏法者になるというのは、自分の力ではなく、まったく仏法の威力によってなるのである。仏法の威力によらなければ、とうてい仏法者になれるものではない」と。「したがって、仏法は学者や博識《ものしり》によって説き伝えられるものではない。たとえ文字一つ知らない愚者であっても、信心ある人は、仏智の働きが加わってくださっているのであるから、その仏力のおかげで人は信心を得る身となるのである。それ故に、聖教読みの法座において、聖教を読んで他人に聞かせても、それを誇り顔しているような人は、仏法を伝えることはできない」と。また、「何ひとつ知らなくても、信心をいただいた人は、仏のほうからいわしめられることであるから、その人のことばを聞く者はみな信心をいただくのである」と（『蓮如上人御一代記聞書』一三六、現代語訳）。

信前も信後も、すべて仏智の働きの中にありながら、それと気づかずにいるのがわが身なのである。だから、信後の念仏生活だけを念仏生活と考えて、それ以前の生活はまったく仏法と無縁であったと思うのは、仏智の不思議を知らないからであろう。親鸞が『教行信証』総序に、「遠く宿縁《しゅくえん》を慶《よろこ》べ」と、大悲のおそだてを蒙ってきた過去世の御縁を指摘しているのも当然である。

わたくし自身の存在が「無明《むみょう》の存在」でありながら、「大悲無倦常照我《だいひむけんじょうしょうが》」と知られるのも仏智の働きによることであり、「宿業《しゅくごう》のわたくし」が「宿願《しゅくがん》のわたくし」と知らされるのも、この仏智の働きによるものである。したがって、如来の本願はわたくしの無明とともに始まっており、本願成就は「無明のわたくし」が「明《みょう》のわたくし」になることにおいて極まるのである。したがって、わたくしの念仏生活は久遠の昔から、如来の本願とともに開始されているというべきである。

㈢「現世利益和讃」のこころ

浅原才市《さいち》は現世と来世を貫いて、大悲に生かされていく念仏生活を、つぎのように詠んでいる。

しんで《（死んで）》まいるじゃない
しぬるまであく《（悪）》をつくりて
しなずニまいるをや《（親）》のさと《（里）》

しなずニもをす（申す）み太（弥陀）のねんぶつ（念仏）
なむあみ太ぶつなむあみ太ぶつ

才市にとって、罪悪の深さも肉体の死も往生の条件とはなっていない。生死の中にあって生死を超える働き、それが念仏生活であるから、往生浄土の歩みの開始されている者において、肉体の死はもはや問題外となっているというのである。死の恐れを超えて、永遠の生に生きつづけていく念仏者才市の面目が、この歌の中によく示されているといえよう。

親鸞の「現世利益和讃《げんぜりやくわさん》」十五首は、他の数多くの和讃の中でも、とりわけ注目に値するといえる。そのわけは、親鸞が信心を得た人に、現生《げんしょう》において十種の利益が与えられるとして、「現生十種の益」を明らかにし、その第十「現生正定聚の益」を十種の総益《そうやく》としたが、これらはみな現世に与えられる信心の得益であって、信心為本《しんじんいほん》の立場を鮮明にしようとするためにも、和讃化して広く仏教の利益観を衆知させる必要があったからである。

八十三歳の再稿本（顕智写本）によって、十五首全体を概観してみると、このようになる（次頁の表を参照）。

なぜ、序の二首に鎮護国家の利益を詠んでいるのかといえば、思うに、親鸞の現世利益観は、世人の考えている除災招福《じょさいしょうふく》を祈り求めるという過誤を正して、現世利益とは正法の信受と護持とから生ずるというものであった。だから、かれは北嶺《ほくれい》の仏教が鎮護国家を旗印としてきた仏教であることを確認した上で、かかる鎮護国家の利益は、念仏の功徳によって得られるという確信を披瀝するためであった。

現生十種の益のうち、冥衆護持《みょうしゅごじ》の益、転悪成善《てんなくじょうぜん》の益、諸仏護念の益、心光常護《しんこうじょうご》の益の諸益がつぎの十三首のなかに詠まれているが、すべて祈願請求《しょうぐ》の現世利益ではない。

南無阿弥陀仏をとなふれば
梵王・帝釈帰敬《たいしゃくききょう》す
諸天善神ことごとく
よるひるつねにまもるなり

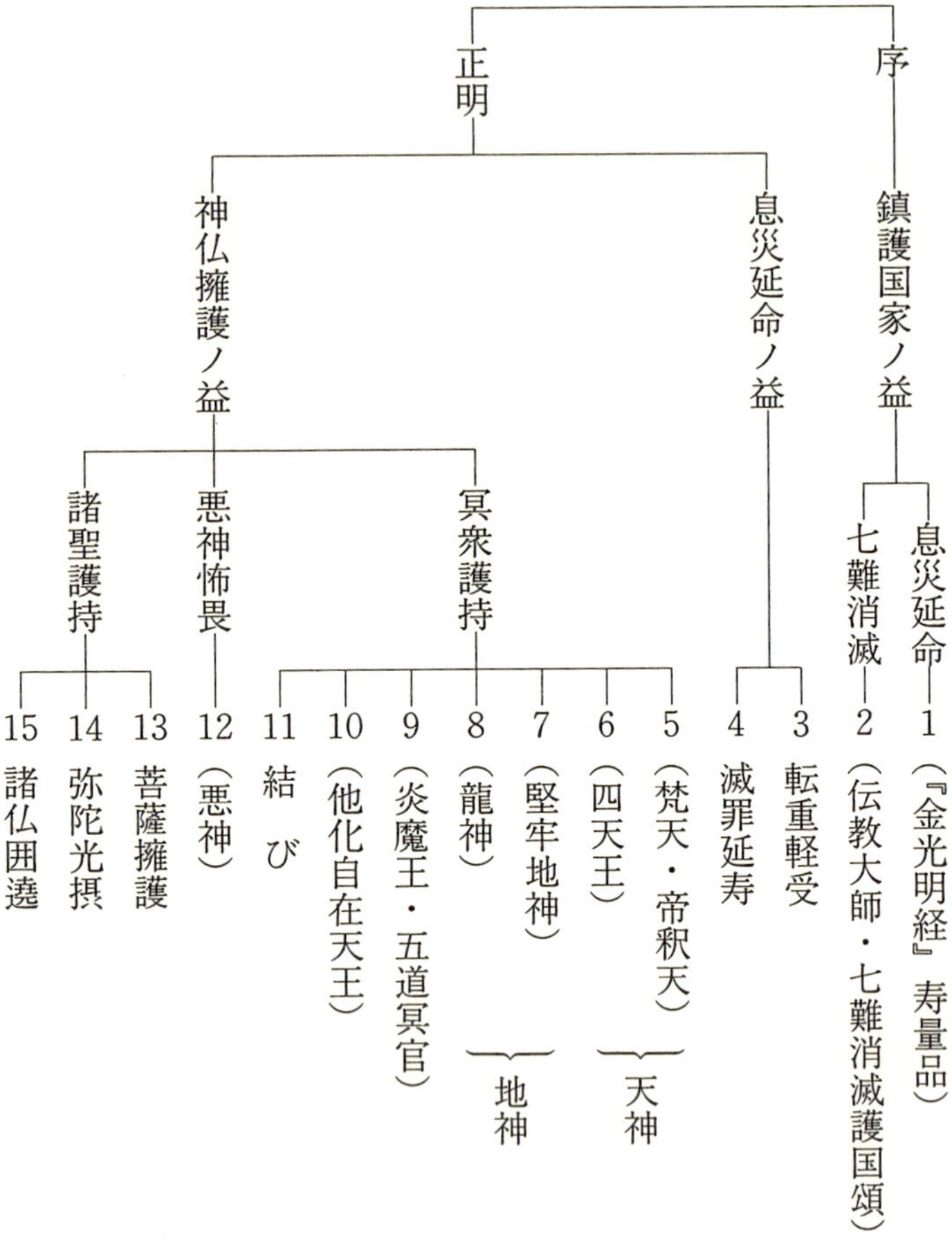
序
鎮護国家ノ益
息災延命
1（『金光明経』寿量品）
七難消滅
2（伝教大師・七難消滅護国頌）
正明
息災延命ノ益
3 転重軽受
4 滅罪延寿
神仏擁護ノ益
冥衆護持
5（梵天・帝釈天）
6（四天王）
天神
7（堅牢地神）
8（龍神）
地神
9（炎魔王・五道冥官）
10（他化自在天王）
11 結び
悪神怖畏
12（悪神）
諸聖護持
13 菩薩擁護
14 弥陀光摂
15 諸仏囲遶

南無阿弥陀仏をとなふれば
観音・勢至はもろともに
恒沙塵数《ごうじゃじんじゅ》の菩薩と
かげのごとくに身《み》にそへり

念仏が念仏者の上に働いて現世利益となり、念仏者の確信となったのがこれらの和讃である。「南無阿弥陀仏をとなふれば」というのは、仮定法の「もし称えたならば」ではなく、「南無阿弥陀仏を信じ称える身となった上は」という意味である。本願念仏に生きる信心の人は、現世におのずと十種の利益を恵まれるから、まさしく真の仏弟子であると親鸞はたたえる。これこそ、かれの「現世利益和讃」を讃詠した目的であった。

(四)　三願転入ということ

親鸞は二十九歳、法然の門に入室したとき、たちどころに他力本願の旨趣を会得し、「雑行《ぞうぎょう》を棄てて本願に帰し」たといわれる。親鸞は『教行信証』「化身土巻」において、かれの廻心の体験といわれる三願転入《さんがんてんにゅう》の文を述べており、そこでは念仏以外の諸善による往生行（要門《ようもん》）から自力の念仏（真門《しんもん》）、ついで他力の念仏（弘願《ぐがん》）へと転入《てんにゅう》した廻《え》心《しん》の過程を、第十九願と第二十願と第十八願との三願にそれぞれ基礎づけて明かしている。つまり、雑行雑修《ぞうぎょうざつしゅ》の自力を離れて、他力に帰入していくすがたを論理的に説明したと見られるから、世にこの文を「三願転入の論理」と称している。

もちろん、このような廻心の歴程は、要《よう》・真《しん》・弘《ぐ》と辿るものだけに限られるのではなく、いくつもの道があってよいであろう。おそらく、親鸞は自己の廻心をふり返りつつ自己を含めて凡夫一般の廻心のすがたを、仏智の働きの上でとらえようとしたにちがいない（転入とは転入せしめる仏智の働きをいう）。それ故に、三願転入の文の前後をみると、かれはこう述べている。

およそ大小聖人、一切善人、本願の嘉号《かごう》を以て己《おのれ》が善根《ぜんごん》とするが故に、信を生ずること能《あた》はず、仏智を了《さと》らず、彼の因を建立せることを了知すること能はざるが故に、報土《ほうど》に入ることなきなり（前文）。

爰《ここ》に久しく願海に入りて、深く仏恩を知れり。至徳を報謝せんがために、真宗の簡《かん》要《よう》を摭《ひろ》って、恒常《つね》に不可思議の徳海を称念す。弥《いよいよ》斯《こ》れを喜愛《きあい》し、特《こと》にこれを頂戴するなり（後文）。

前文にいう「本願の嘉号を以て己《おのれ》が善根とする」親鸞が、かねてから摂取せんと方便力をめぐらす仏智に気づき、本願海に生きる身と知らされたとき、「不可思議の徳海を称念す」るばかりであると、智慧の念仏をいただかれた。

「不可思議の徳海」の中にあると知らされて、「不可思議の徳海」に合掌し喜悦する親鸞こそ、まさしく自然法爾《じねんほうに》の人というべきであろう。南無阿弥陀仏。

あとがき

過日、ある出版社の編集長から、電話で「先生が戦地に行かれたとき、何か愛読書といったものを、携行しましたか」と問われた。

学徒出陣であったが、戦局が内地防衛に切りかわったおかげで、わたくしの場合は、戦地に行かずにすんだし、また、いまから思い返してみても、軍隊生活の中で読書をしたという思い出もなかったので、「残念ながら、愛読書を携行しなかったと思う」と恥ずかしげに答えたことだった。

だが、そのあとで、四十七、八年前の記憶を辿ってみると、本派の真宗聖典一冊を所持していたことは確かである。それは、中学生いらい拝読してきたから、すっかり手垢のついた聖典であった。予備学生の自習時間中、ときおり手箱からとり出して黙読していたが、いつ戦地に赴くかわからぬ身にとって、お聖教の一字一句が「なんまんだぶつ」と聞こえたことであった。

幾度か死線のほうが避けてくれたのであろうか、否、み教えを聞けよの御縁をいただいたからこそ、現在のわたくしがあるのだと思えば、こんなありがたい幸せはない。半世紀にわたるわたくしの仏教思想研究を通じて、どの仏典、どの文献も、みな仏智の働きをあらわしている点で、わたくしはすべてお聖教と受けとめるようになった。仏智の世界が文字となって、そのすがたをあらわしているのだから、それだからこそ、最も学的にそして厳密に学ばねばならないのは当然である。しかしながら、文字の虫となって、仏智を損い見失うこととなるならば、それは研究とはいえないであろう。

善導大師の述べられた「仏の大悲心を学ぶ」（学仏大悲心、「帰三宝偈」）ということは、お聖教を学び、お聖教に聞く態度であって、「学問」の究極もここにあるといってよい。いま、手許に届いた本願寺派「宗報」（通巻三〇〇号、平成二年六月号）の巻頭言に、ささやかな拙文が載せられているので、わたくしの考えを布衍する意味で、ここに掲げさせていただこうと思う。

お聖教のこころ

近ごろ、お聖教の原典、書き下し、現代語訳が刊行されて、身近にお聖教にふれることができるようになった。また、般若心経のように、仏典の解説書がつぎつぎと書店の店頭を飾り、選択に戸惑うほどである。

古来、お聖教は「仏説」と仰いで、人びとに読誦《どくじゅ》されてきた。お聖教は仏徳をたたえているものであるから、これを読誦すること自体、仏徳讃嘆《さんだん》にほかならない。したがって、一般の書物を読むのとは異なる点で、「拝読《はいどく》」というべきであろう。

蓮如上人は、お聖教は「繰り返して拝読すべきである」（『蓮如上人御一代記聞書』八九）といわれ、お聖教は解知《げち》ではなく信知《しんち》のものであるから、「聖教読みの聖教読まず」を固く誡めておられる（同九四）。それで、上人は「およそ、お聖教を拝読するときは、どれもみな他力信心を得しめようとするお聖教と思って、拝読すべきである」（同九〇）と仰せになっている。

お聖教は南無阿弥陀仏のおいわれを説くものと受け取るところに、そのこころがあり、それは仏智の中に生きるわたくしに成るということである。

九州は宮崎の知人が、五十歳を過ぎて、お聖教を学び始めた。まず歎異抄に関する拙著を手にしたかれは、独自の方法で拝読することにした。毎朝五時に起床、約四十分かけて、原文の一節を十回、現代語訳を二回、再び原文十回、現代語訳一回、最後に解説を読む。半年間つづけて、歎異抄を七回繰り読みしたという。かれは仏智に育てられた喜びを、こうわたくしに報告してくれた。

*

かねてから、仏教聖典の編集に関心を抱いていたわたくしは、「現代仏教聖典論考」（「武蔵野女子大学仏教文化研究所紀要」No3、昭和六十年三月）の中で、明治中期から始まるわが国仏教聖典編集の諸形式と未来への展望を論じた。ただ、各宗聖典の編集史にまで及ぶことができなかったが、およそ、仏教を学ぶということは、少なくとも宗派に属する仏教徒にとって、たとえば浄土真宗の門徒の場合ならば、「仏教は念仏である」という把握に至るということである。わたくしは、このような仏教観の上に立っている者である。日蓮宗の信者であれば、「仏教は題目である」という把握である。したがって右のような把握に至らせる各宗聖典こそが、本来あるべき仏教概論であるといえるであろう。なぜならば、このような道筋を辿られたのが、各宗派のご開山だったからである。

ところで、わたくしの仏教研究のまとめは、お仏飯で育てられ寺を継いだ関係上、「親鸞から釈尊へ」の道行きを明らかにすることであった。このことは、幼い時から耳で覚えた「正信念仏偈」のこころを、わたくしなりにいただくことでもあった。事実、親鸞聖人は「正信念仏偈」を通して、「仏教は念仏である」ということを、二尊と七高僧によってお示しくださっているということを知った。さらに、わたくしは、仏教を「道」の体系の上からとらえようと、これまで努めてきた。そこで、これを「正信念仏偈」の上にあてはめたならばどうなるかという願いから、改めて、「正信念仏偈」に学ぶ決意を固めた。

こうして、平成元年と改元なった夏、本書の前半〈I「正信念仏偈」現代語訳〉の稿をまとめることができた。また幸いにして、その前年の昭和六十三年一月から十二月にかけて、「在家仏教」誌に毎月、「親鸞の世界」を執筆していたので、これを本書の後半〈II 親鸞の世界〉にまとめて転載することにした。こうして本書は出来上った。一見して寄せ木細工のように思われるかもしれないが、決してそうではない。むしろ、本書はわたくしにとって、「正信念仏偈」で生まれ育った生涯の総決算であるといっても過言ではない。

たまたま、平成元年十一月末、龍谷大学真宗学会の第四十三回大会が、大宮学舎で開催され、その記念講演に「正信念仏偈の世界」と題して、講演する栄誉を与えられた。このことは、かねてから、わたくしの抱いていた「正信念仏偈」の題名に関する私見を発表する好機会でもあった。近世以来、真宗宗学者たちによって、種々の題名考がなされてきたが、わたくしは、「念仏を正信する〔人びとをたたえる〕偈」と読むべきことを提唱したのである。

このような事情の下、わずか一カ年で、本書が出版の運びとなったのは、ひとえに法藏館社長西村明氏のご尽力の賜物であり、また法藏館編集部池田顕雄氏のお力添えによるものである。あわせて両氏に謝意を表する。なお、「親鸞の世界」の転載承諾に応じてくださった在家仏教協会の二橋進、内藤喜八郎両氏に厚くお礼を申し上げたい。

平成二年八月三十日

早島鏡正

本書は、平成一一（一九九九）年刊行の『正信偈入門』第六刷をオンデマンド印刷で再刊したものである。

著者略歴

早島鏡正（はやしま　きょうしょう）

1922年　北海道に生まれる。
1947年　東京帝国大学文学部印度哲学梵文学科卒業。
東洋大学助教授、東京大学助教授、東京大学教授。
東京大学名誉教授。文学博士。
浄土真宗本願寺派宣正寺の住職を勤め、幅広く布教活動を行う。
2000年　逝去。

著訳書

『初期仏教と社会生活』（岩波書店）、『ミリンダ王の問い』（共訳、平凡社）、『浄土三部経』（共訳、岩波文庫）、『親鸞入門』（講談社）、『ゴータマ・ブッダ』（講談社）、『大無量寿経の現代的意義』（本願寺出版社）ほか多数。早島鏡正著作集全15巻（世界聖典刊行協会）

新装版　正信偈入門

一九九〇年一二月二〇日　初　版第一刷発行
二〇一九年　八月二〇日　新装版第一刷発行
二〇二三年一一月二〇日　新装版第二刷発行

著　者　早島鏡正
発行者　西村明高
発行所　株式会社　法藏館
京都市下京区正面通烏丸東入
郵便番号　六〇〇-八一五三
電話　〇七五-三四三-〇〇三〇（編集）
〇七五-三四三-五六五六（営業）

装幀　山崎　登
印刷・製本　亜細亜印刷株式会社

ISBN 978-4-8318-6569-4 C0015